マズロー100の言葉

名言から読み解く人間性心理学

中野 明
Akira Nakano

A Hundred Words of Maslow
Understanding Humanistic Psychology from his words

Abraham Maslow

アルテ

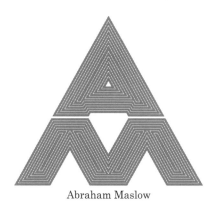

はじめに

筆者は過去にアブラハム・マズロー関係の著作を2冊書いています。最初の作は『マズロー心理学入門』（2016年、アルテ）で、マズローの名前は知っていても、マズローが打ち立てた人間性心理学については知らないという人向けに、マズローの生涯をたどりながら紹介したものです。続く『マズローを読む』（2018年、アルテ）では、マズローが過去に出版した人間性心理学に関連する7冊の重要著作それぞれについて概要を紹介するとともに、それぞれの書籍で扱われている重要キーワードを取り出して解説し、人間性心理学全体を理解できるよう試みました。

前作で取り上げた人間性心理学に関するマズローの著作を原典の出版順に並べると、『人間性の心理学』（1954年）、『完全なる人間』（1962年）、『創造的人間』（1964年）、『自己実現の経営（完全なる経営）』（1965年）、『可能性の心理学』（1966年）、『人間性の最高価値』（1971年）、『マズローの人間論』（1996年）となります。

改めてこれらの著作を通読すると、そこには珠玉の言葉が散りばめられているのがわかります。これらからとっておきの言葉を集めて一冊の本にできないかと考えたのが本書の出発点です。ただし、脈略もなくマズローの言葉を集めてもあまり意味がないでしょう。

そこで本書では、マズローが打ち立てた人間性心理学を理解するうえで必須となる10種のキーワードを取り上げ、それぞれに関連するマズローの言葉を集めました。このような方針をとることで、この本を読んでくださる方が、マズローの珠玉の言葉を賞玩しながら、10種のキーワードに関する理解を深めると同時に、人間性心理学の全体像をも理解できることを狙っています。

取り上げたキーワードは、「欲求の階層」「自己実現」「幸福・愛・仕事」「実存主義・現象学・方法論」「創造性と教育」「至高経験」「シナジー」「ユーサイキアン・マネジメント」「Z理論」「よりよい社会」の10種類で、それぞれに1章を割り当てました。

なお、著名人の言葉を紹介する本では、見開き2ページで右ページに引用、左ページにその解説を記す体裁のものがよく見られます。一方本書では、10種のキーワードに関するそれぞれの意味や、マズローがその言葉をいかに扱ったかを紹介しながら、そのストーリーのなかの要所要所においてマズローの言葉を紹介しています。これにより単独のマズローの言葉としてではなく、言葉の前後にあるニュアンスもあわせて理解してもらえるよう配慮しました。

それでは、マズローが記した珠玉の言葉の世界にご案内いたしましょう。

目次

はじめに　3

第1章「欲求の階層」についての12の言葉　11

● 人間の背景に普遍的にあるもの　11
● 姿を現すより高次の欲求　14
● 最も上層にある自己実現の欲求　17
● 一般的な欲求満足状態　20
● 基本的欲求は悪ではない　23

第2章「自己実現」についての11の言葉　27

● 自己実現的人間の研究　27
●「なりたい自分」は自己実現ではない　31
● 潜在能力を最大限発揮する　33

●自己実現に近づく方法論　36
●自分の強みは何なのか　40
●普遍的価値の追求　42
●自己実現的人間を動機づけるもの　46
●自己実現的人間の二諸相　49
●自己実現を再度検討する　51
第3章「幸福・愛・仕事」についての9つの言葉　53
●マズローの幸福論　53
●天職を見つけるために　57
●「価値観」「強み」「貢献」には優先順位がある　60
●良きパートナーと巡り会う　62
●愛と性の関係　64
●感謝の念を抱く　67
第4章「実存主義・現象学・方法論」についての10の言葉　71
●マズローが用いた態度と方法　71

● 実存心理学としての人間性心理学 75
● 現象学から始める心理学 77
● なぜマズローの著作は読みにくいのか 79
● 避けるべき経験的知識からの分断 83

第5章 「創造性と教育」についての11の言葉 87

● 自己実現的人間と創造性 87
● 創造の過程 91
● 「創造」という語の意味 94
● アイデア発想と創造性 96
● 教育が目指すべきもの 99

第6章 「至高経験」についての11の言葉 103

● 至高経験とは何か 103
● 至高経験の特徴 106
● 至高経験と自己実現的人間 109
● 至高経験は意図的に体験できるか 112

●マズローは至高経験を体験したか　114

第7章「シナジー」についての9つの言葉　117

●ベネディクトが定義したシナジー　117
●利己と利他の超越　120
●ベネディクトが見たシナジーのある社会　124
●マズローが見たブラックフット・インディアン　127
●シナジーのある社会、そうでない社会　129
●シナジーとB価値の関係　132

第8章「ユーサイキアン・マネジメント」についての10の言葉　137

●マズローの造語「ユーサイキア」　137
●マズローがユーサイキアに踏み込む背景　141
●ユーサイキアン・マネジメントの実践へ　143
●シナジーのある組織を目指す　145
●組織にシナジーをビルトインする　148
●B価値を追求する企業　151

第9章「Z理論」についての12の言葉 155
●X理論とY理論 155
●Y理論批判、ドラッカー批判 157
●自己実現的人間に対する経営管理 160
●自己実現的人間と高次の報酬 163
●BリーダーとBフォロワー 165
第10章「よりよい社会」についての5つの言葉 169
●民主主義における選挙制度の是非 169
●富の一極集中にどう対処するのか 171
●道徳的・倫理的会計制度の導入 174
●結局のところよりよい社会とは 176
おわりに 181
●選択の過程としての人生 181
●選択の連続の先にあるもの 184
索　引 188

第1章「欲求の階層」についての12の言葉

●人間の背景に普遍的にあるもの

アブラハム・マズローは人間性心理学の重鎮の一人として、また「欲求階層論」を提唱した心理学者として著名です。

マズローが欲求階層論を公表したのは１９４３年の論文「人間の動機づけに関する理論」でのことです。ただし同年に、これに先立って論文「動機づけ理論序説」を公表し、この論文のなかで、人間が普遍的にもつ、行動の動機となる欲求の存在について言及しています。

この欲求の存在を具体的に示したのが、続く論文「人間の動機づけに関する理論」であり、ここでかの有名な五つの欲求から成る欲求階層論について明らかにしました。

両論文は著作『［改訂新版］人間性の心理学』（１９８７年、産業能率大学出版部）に掲載されています。また、同書の第3章から第7章は、欲求階層論を中心とした動機づけ理論に関する論文がまとめて収録してあります。

マズローは著作『人間性の心理学』以外では、欲求階層論についてあまりふれていませんので、同書はこの理論について知るための基本図書になっています。

本章では以下、主に『人間性の心理学』より、欲求階層論に関する珠玉の言葉を紹介したいと思います。まずはこのマズローの言葉から始めましょう。

W1　日常生活における平均的な願望について注意深く調べてみると、少なくとも一つの重要な特性があることがわかる。すなわちその願望は、通常それ自体が目的なのではなくむしろ目的に至る手段なのである。（中略）意識された願望を分析してみると、その背景にはいわばさらにその個人にとって基本的な目的が存在することがわかる。

『人間性の心理学』P34～35

こちらは論文「人間の動機づけに関する理論」に先立つ「動機づけ理論序説」からの一文です。

たとえば、人は自動車を手に入れたいがためにお金を欲しがります。しかし、よく観察すると、その背景には自動車を所有する近隣の人に引け目を感じないようにしたいという願望や、自尊心を保ち人に愛され尊敬されたいという願いがあるものだ、とマズローは言います。

また、目的それ自体は、目的を達成するための手段（右の例だと自動車）よりも普遍的であるというのがマズローの考えでした。というのも、「その方法は、特定の文化のなかで局地的に決定されるものだから」（『人間性の心理学』P36〜37）です。

それでは、マズローの言う普遍的な目的とは何なのか。実はその点を具体的に示したのがマズローの欲求階層論にほかなりません。

マズローは人間に普遍的な基本欲求を5種類掲げました。この5種類の欲求の間には優先序列としての階層が存在します。この階層の底辺に位置づけられるのが生理的欲求です。

W2 動機づけ理論の出発点として通常考えられている欲求は、いわゆる生理的動機である。

『人間性の心理学』P56

生理的欲求とは、文字どおり人間の生理現象に関わる欲求で、食欲や睡眠、排泄、性欲などがあります。生理的欲求は非常に強力で、あらゆる欲求のなかで最も優勢な性質をもちます。極限の状態では、いかなる欲求よりも生理的欲求が優勢となります。

ところが生理的欲求が一旦満たされてしまうと、その存在は消え失せてしまい、それに代わって一段階層が上の欲求が頭をもたげます。

このように、マズローの欲求階層論では、人間が低い階層の欲求を満足させるとより高次の欲求が現れると主張しました。こうして人間は、一段ずつ段階を踏んで、より高い階層の欲求を満足させていきます。

●姿を現すより高次の欲求

W3　生理的欲求が比較的よく満足されると、次いで、新しい一組の欲求が出現することになる。大まかに安全の欲求と範疇化できるものである。

『人間性の心理学』P61

マズローは欲求の階層の2層目に安全の欲求を位置づけました。安全の欲求は、「安全、安定、依存、保護、恐怖・不安・混乱からの自由、構造・秩序・法・制限を求める欲求、保護の強固さ」（『人間性の心理学』P61）などを求める欲求の総称です。

安全の欲求も生理的欲求と同じくらい強力で、場合によっては生理的欲求を棚上げして、安全の確保が求められるケースもあります。特に戦争下など劣悪な社会環境では、そうしたことが起こりえます。ただし、一般的な社会では、生理的欲求に続いて優勢な欲求として安全の欲求は位置づけられます。

私たちは日常、知らぬ間に安全の欲求に強く支配されているようです。

たとえば、日常品を購入する場合、一般的にいつも使用しているブランドのものを選ぶものです。これは未経験の品を選んで後悔するよりも、いつも使っている商品のほうが無難、すなわち安全だからです。

あるいは、近年のインターネットでは口コミサイトが人気です。この人気の背景には、あらかじめ店舗や商品の評判を知ることで、できるだけ失敗のない選択をしたいという願いが見え隠れします。この根底にも、やはり安全の欲求が横たわっていると言えそうです。

この安全の欲求についても、一旦安全が確保されるとその存在は意識されなくなります。それに伴いより一層高次の欲求が人間を支配します。

Ｗ４　生理的欲求と安全欲求の両方が十分に満たされると、愛と愛情そして所属の欲求が現れてくる。

『人間性の心理学』Ｐ68

安全の欲求が満たされると、引き続き所属と愛の欲求が姿を現します。

人間は社会的な動物です。本来、一人で暮らすのではなく、集団での生活を営んできました。人は集団に属したくても属せず一人ぼっちだと、寄る辺のなさをひしひしと感じ孤独感にさいなまれます。こうして人は、友達や恋人、あるいは夫や妻を求めるようになります。あるいは、学校や地域コミュニティ、スポーツクラブ、同好会などに所属して、人と人のつながりを築こうと努めます。加えて、単に集団に属するだけではなく、他のメンバーから愛されるよう努力します。

あたかも動物のように、集まり群れをなす傾向が強い人間は、その背景で所属と愛の欲求が強力に働いていると言えそうです。近年のソーシャル・ネットワーク・サービス（SNS）人気も、所属と愛の欲求に準じて説明することができるのではないでしょうか。

所属と愛の欲求が満たされると、引き続き承認の欲求の勢力が顕著になります。

W5　我々の社会では、すべての人々（病理的例外は少し見られる）が、安定したしっかりした根拠をもつ自己に対する高い評価、自己尊敬、あるいは自尊心、他者からの承認などに対する欲求・願望をもっている。

『人間性の心理学』P70

マズローによると、承認の欲求は、自己に対する自己評価と他者による評価に二分できます。前者の自己に対する評価は、自分がもつ強みや能力に対する自信を意味します。また後者は、信頼や注意、称賛、重視など他者による自分への評価を指します。

自分の力でもって何かを達成すると、自分の能力に自信がもてるでしょう。また、達成に対する他者からの称賛、自分の能力に対する他者からの信頼や重視は、自信を強めるのにさらに役立つでしょう。

こうして承認の欲求が充足されると、自分が世の中で役立つ存在だという感情がわいてきます。逆にこの欲求が妨害されてしまうと、焦燥感や劣等感、無力感などの感情が顕著になります。

先にふれたSNSでは、フォロワーを多く集めたり、投稿に対して「いいね」を多数集めたりすることが重視されます。競ってフォロワーや「いいね」を集めたくなる人は、承認の欲求が強いと言えるのかもしれません。またそれは、実社会で承認の欲求が満たされないための補償とも考えられます。同様のことは、所属と愛の欲求とSNSの関係についても言えそうです。

●最も上層にある自己実現の欲求

以上、生理的欲求、安全の欲求、所属と愛の欲求、承認の欲求について見てきました。これらの欲求には共通した特徴があります。お腹がすけば食欲がわきます。将来の不安が増せばより安全な選択をします。一人ぼっちになれば仲間を探します。人から軽んじられないようにするには、自分を強く見せることが欠かせません。

このように、いずれの場合も何かが欠乏しているときに、それぞれの欲求が生じるのがわかります。そしてその欠乏が満たされると、より高次の欲求が頭をもたげるわけです。そのため、この四つの欲求をひとまとめにして欠乏欲求とも呼びます。

欠乏欲求のなかで最も階層が高い承認の欲求が満たされると、今度は自己実現の欲求が現れます。これは自分が有する潜在能力を最大限に発揮して、自分がなり得る最高の自分になることを求める欲求です。

W6　自分自身、最高に平穏であろうとするならば、音楽家は音楽をつくり、美術家は絵を描き、詩人は詩を書いていなければならない。人は、自分がなりうるものにならなければならない。人は、自分自身の本性に忠実でなければならない。

『人間性の心理学』Ｐ72

自分がなり得る最高の自分とは、人によってまちまちです。自分がなり得る最高の自分が音楽家ならば音楽を作ることで心の平穏を得られるでしょう。音楽を得意としているにもかかわらず、絵や詩を作らなければならないとすれば、その人は心の平穏を得られないでしょう。このように、欠乏欲求が満たされると、なるべき自分になりたいという自己実現の欲求が優勢になります。

こうして、生理的欲求、安全の欲求、所属と愛の欲求、承認の欲求、自己実現の欲求という、階層をなす五つの欲求が出そろいました。

マズローは、この基本的な欲求を、「文化による表面的相違の背後にある比較的普遍なもの」（『人間性の心理学』Ｐ84）と位置づけています。文化を相対的なものとしてとらえる文化的相対性という考え方がありますが、その相対性の背後にも実は普遍的なものがあるのではないか。マズローの欲求階層論はそうした主張を展開しているわけです。

ただし、欲求階層論にはいくつかの留意点があります。まず、生理的欲求、安全の欲求、所属と愛の欲求、承認の欲求、自己実現の欲求という五つの階層は、決して不動なものではないという点です。

Ｗ７　このヒエラルキーは、我々が示してきたほど不動なものではない。確かに我々が研究対象としてきた人々の大部分では、基本的欲求はこれまで示してきたような順序であると思われる。しかし、いくらか例外もあった。
『人間性の心理学』Ｐ80

たとえば、世の中には所属と愛の欲求よりも承認の欲求を強く求める人がいるものです。家庭を顧みず出世競争に血眼になるサラリーマンは、所属と愛よりも会社からの承認に重きを置いているのかもしれません。

また、芸術家のなかには、欠乏欲求が満たされていないにもかかわらず、徹底して創作という自己実現欲求を貫く人がいます。

このような例からも、欲求の階層が不動でないことがわかります。しかし、一般的にはここで示した序列による階層が見られる、とマズローは言います。

●一般的な欲求満足状態

また、低次の欲求が100%満たされてから、一つ階層が上の欲求が頭をもたげるわけではない点にも要注意です。

一般に、低次の欲求が100%ではなくある程度満たされると、高次の欲求が現れます。この点についてマズローは面白いことを言っています。

W8　たとえば独断で数字を当てはめてみると、平均的な人では、おそらく生理的欲求では85%、安全の欲求では70%、愛の欲求では50%、自尊心の欲求では40%、自己実現の欲求では10%が充足されているようである。

『人間性の心理学』P83

このように、五つの欲求は一人の人間のなかで部分的に並行して現れ、人はそれぞれの欲求を満たす活動をしていることになります。それにあえて数値をあてはめると、右のようになるとマズローは言っているわけです。

また、欲求の階層全体に共通する特徴についても理解しておくべきです。

W９　大部分の神経症は、他の複雑な決定要因とともに、安全、所属、同一化、親密な愛情関係、尊敬と名誉に対するみたされない願望から生ずるのである。

『完全なる人間』Ｐ25

充分に食事がとれない、つまり生理的欲求が常に満たされていないとすれば人は病気になるでしょう。また、常に身の危険にさらされているとすれば、神経は消耗してしまうでしょう。もっとも、一般的な社会では、こうした状況は稀かもしれません。

これに対して現代社会では、所属と愛の欲求や承認の欲求が満たされないケースは頻繁に見られると思います。そしてマズローは、こうした満たされない欲求が大部分の神経症の原因になっていると主張します。つまり低次の欲求が満たされていない人ほど、より健康的ではない、と言えるわけです。

この点に関してマズローは、ジャングルで暮らす５人の人物という面白いたとえを用いて、それぞれの欲求のレベルを満たす人の間に健康度の違いがあることを示しています。

W10　たとえば、Aさんは数週間危険なジャングルで暮し、時々食べ物や飲み水を見つけどうにか生きていたとしよう。Bさんはただ生きていたというだけでなく、ライフルを持ち、閉められる入り口のついたほら穴の隠れ家に住んでいた。Cさんは、これらのものを全部もち、そのうえ二人の男も一緒にいた。Dさんは食物、銃、仲間、ほら穴があり、さらに一番の親友も一緒にいた。最後にEさんは同じジャングルでこれらすべてをもち、そのうえ彼は自分の隊の尊敬されたリーダーでもある。

『人間性の心理学』P102

マズローはこの5人を便宜上、単なる生きのびている人、安全な人、所属している人、愛されている人、尊敬されている人と呼びました。

もうお分かりのように、5人は、生理的欲求、安全の欲求、所属と愛の欲求、承認の欲求のいずれかを満たす段階で生きていることがわかります。

そして、生理的欲求のみを満たしている「単なる生きのびている人」は、生理的欲求および安全の欲求を満たしている「安全な人」よりも不健康であることがわかります。また、「安全な人」も「所属している人」から見れば不健康です。つまり、欲求を満たす階層が上昇するほど、人は健康的になるという事実を、このジャングルで暮らす5人の人物は示しているわけです。
さらに、マズローの次の言葉にも注目しましょう。

●基本的欲求は悪ではない

W11 この精神的本性は、われわれの知るかぎり、本質的、基本的に、あるいは必然的に悪ではないように思われる。基本的欲求（生存のため、安全のため、所属や愛情のため、尊重や自尊のため、自己実現のための）、人間の基本的情緒、基本的能力は、一見したところ中立、モラル以前、あるいは積極的に、「善」であると考えられる。

『完全なる人間』P4

マズローが掲げた五つの欲求は、本来人間に普遍的に備わった精神的本性であり、別の表現で言うならば無意識的なものと言えます。この無意識の存在を白日の下にさらしたのはあのジグムント・フロイトでした。
フロイトは、人間は動物の一員であり、そのため人間は、無意識（イド）に存在する本能に駆り立てられると主張しました。イドには価値観も、善悪や道徳もありません。そのため、無意識を放し飼いにしていたのでは人間社会は成立しません。

そこで人間は、「文化」を作り出し、無意識が勝手気ままに働かぬよう制御をかけました。したがって人間が作り出した文化というものは、本来闘争的な人間の性質と完全に相反することになります。

こうして人間と文化の間に摩擦が生じ、この葛藤が嵩じると人は神経症を発症します。このイドの欲求不満のなかでも、性的欲求不満が神経症の大きな原因になる、とフロイトは考えたわけです。このようにフロイトは、無意識を好ましからぬ悪と決めつけました。

これに対して、欲求の階層が人間に本来備わった精神的本性で無意識的なものだとしましょう。これら無意識から生じる欲求を満たさないでいると人は病気になります。また、先に見たように、低次の欲求しか満たしていない人よりも、より高次の欲求を満たしている人のほうが、より健康的でした。

となると、この欲求に正面から取り組み、欲求を満たす活動を積極的に行うことは、人が健康的で生産的で、幸福な人生を歩むための王道になるでしょう。こうしてマズローは、フロイトを高く評価しながらも、すべての無意識を悪だとする主張を、断固として拒否する立場をとることになります。

最後にもう一つ、欲求の階層がもつ重要な特徴について記しておきましょう。

W12 欲求は高次なほど、満足することに対する緊急性は低くなり、その満足をより長く延期

できまた永久に消失しやすい。

『人間性の心理学』Ｐ１４７

マズローのこの言葉から、欲求の階層の優先順は、緊急度が一つの基準になっていることがわかります。そのため、最も優先度の低い自己実現の欲求は、場合によってはその存在すら感じられないこともあるわけです。

実際、所属と愛の欲求や承認の欲求を満たすのに全勢力を傾けている人は、それらの欲求の満足が自己実現と錯覚しているのではないでしょうか。

自己実現は、マズローが打ち立てた欲求階層論のなかでも、人が幸福な人生を歩むうえで極めて重要な要因になります。次章では欲求の階層の最上位を占めるこの自己実現について、マズローの言葉を引きながら、より深く考えてみたいと思います。

第2章「自己実現」についての11の言葉

●自己実現的人間の研究

自己実現の欲求は、マズローが提唱した欲求の階層の最上層に位置します。混迷が深まる現代社会にあって、自己実現は幸福な人生を歩むうえでの鍵になっています。そのため、自己実現という言葉は、いまやティーンエイジャーでも用いる言葉になっているようです。

ただし、筆者の個人的見解ながら、自己実現に対する、必ずしも正しくない理解が広がっているように見えます。その最大の誤解が、自己実現を「なりたい自分になること」だととらえる立場です。なぜ、この考え方が必ずしも自己実現でないのか、この章で説明したいと思います。

また、晩年のマズローは、自己実現には2種類あるとし、それらは階層をなしていると主張したこともあまり理解されていないようです。超越的でない自己実現と超越的な自己実現がそれです。

この点についても、マズローの言葉を引きながら、解説を加えていきたいと思います。

そのほかにもこの章では、自己実現に関するマズローの珠玉の言葉を集めました。本章を読み終えれば、自己実現に関する理解は一層深まっているはずです。

まずはこの言葉から始めましょう。

W13　自己実現を大まかに、才能や能力、潜在能力などを十分に用い、また開拓していることと説明しておこう。自己実現的人間とは、自分自身を実現させ、自分のなしうる最善を尽くしているように見え、ニーチェの「汝自身たれ！」という訓戒を思い起こさせる。彼らは自分たちに可能な最も完全な成長を遂げてしまっている人々、または遂げつつある人々である。

『人間性の心理学』Ｐ２２３

自己実現は「Self-actualization」の翻訳です。また自己実現的人間を「Self-actualizing People」とマズローは記しました。

マズローは自己実現を「才能や能力、潜在能力などを十分に用い、また開拓していること」と定義しました。また、「自分自身を実現させ、自分のなしうる最善を尽くしている」ように見える人々を自己実現的人間と呼びました。

五つある欲求の階層のなかで、マズローが最も興味をもっていたのは明らかに自己実現の欲求でしょう。それというのも、論文「人間の動機づけに関する理論」を公表してからもマズローは、自己実現に関する論文だけについてはたびたび公表しているからです。

マズローが自己実現的人間という言葉を最初に用いたのは、１９５０年に公表した論文「自己実現的人間――心理学的健康の研究（Self-actualizing People：A Study of Psychological Health）」でのことです。この論文でマズローは、自己実現した人々あるいは自己実現に極めて近い人々を研究対象にし、自己実現的人間がもつ特徴を明らかにしようとしています。

そもそもマズローが自己実現的人間に興味をもったのは、マズローが尊敬する学問上の師であるマックス・ヴェルトハイマーとルース・ベネディクトが、マズローからするとまるで別格の秀でた人間、強いて言うならば自己実現的人間に見えたからです。２人の人間性に興味をもったマズローは、まずヴェルトハイマー、続いてベネディクトに関する観察ノートを作ります。

マズローは観察ノートをとり続けるなかで、２人に共通した特徴が多数あることを発見します。こうしてマズローは研究対象となる人物の幅を広げて、自己実現的人間が備えている特徴を明らかにしようとします。

その研究成果の結実が論文「自己実現的人間――心理学的健康の研究」にほかなりません。同論文は著作『人間性の心理学』の第11章に掲載されています。

マズローは、自己実現的人間が一般的な人間の模範になると考えました。仮にそうだとすると、自己実現的人間がもつ普遍的な特徴を明らかにすることで、一般的な人間とのズレあるいはギャップが明らかになるでしょう。一般的な人間がこのズレ、このギャップを理解し、それを埋める努力をすれば、自己実現的人間へ至る近道、人間がより健康的になるための近道になるでしょう。

マズローのこの言葉に耳を傾けてみてください。

W14　いささか単純化するならば、フロイトは心理学の病的な一面を示してくれたが、われわれはいま、健康な半面をみたさなければならないといってよい。おそらく健康心理学は、われわれの生活を統制し、改善し、よい人間にする大きな希望を与えてくれるだろう。たぶん、「病気にならない方法」を問うこと以上に効果的なことであると思う。
『完全なる人間』Ｐ６～７

マズローの言う健康心理学とは人間性心理学と同義です。健康な人間を模範にして、より健康な人間づくりを支援するのが健康心理学であり人間性心理学なのです。

このように、健康心理学と人間性心理学の意味するところが同じだとすると、私たちが模範とすべき自己実現的人間がもつ特徴とは一体どのようなものなのか、この点に俄然興味がわいてきます。

ただその前に、ここではマズローがどういう意味で自己実現という言葉を用いたのか、もう少し掘り下げてみたいと思います。

●「なりたい自分」は自己実現ではない

前章で見た欲求階層論について初めて公表した論文「人間の動機づけに関する理論」でマズローは、自己実現について次のように書いています。

W15 この言葉は、人の自己充足への願望、すなわちその人が潜在的にもっているものを実現しようとする傾向をさしている。この傾向は、よりいっそう自分自身であろうとし、自分がなりうるすべてのものになろうとする願望といえるであろう。
『人間性の心理学』P72

マズローが言う「人が潜在的にもっているものを実現しようとする傾向」とは、W13の言葉で紹介した「才能や能力、潜在能力などを十分に用い、また開拓していること」の言い換えといってよいでしょう。

また、「よりいっそう自分自身であろうとし、自分がなりうるすべてのものになろうとする願望」は、自己実現的人間の定義だった「自分自身を実現させ、自分のなしうる最善を尽くしている」と強く結びつきます。

ところが、自己実現に対するマズローの見方をもっと平易あるいは簡略化して、自己実現を単に「なりたい自分になること」と表現されることがよくあります。むしろ自己実現をこのようにとらえている人のほうが多いのではないでしょうか。

しかしながら、「なりたい自分になること」と、自己実現に対するマズローの見方には、大きな乖離があると考えるべきです。

たとえば私はマズローを尊敬していますが、しかし私がマズローのようになりたいと強く願っても、マズロー自身には決してなれません。この一点からも、「なりたい自分になること」には、実現不可能な場合があることがわかります。

また、自堕落な生活を送る私が、「これがなりたい自分なのだ」と宣言したとします。このような私は自己実現しているのでしょうか。「なりたい自分になること」が自己実現だとすると、このような私も自己実現していることになってしまいます。これはちょっと違いますよね。

そもそも、「なりたい自分になること」という定義には、人間がもつ潜在能力を十分に発揮するという、自己実現にとっての必須要件がすっぽりと抜け落ちてしまっています。そのため、自分が納得できればそれが自己実現というような、独りよがりな態度までをも自己実現の範疇に含めてしまうことになります。

●潜在能力を最大限発揮する

人がもつ潜在能力は千差万別です。仮に人が自分のもつ潜在能力をそれこそ１００％実現したとしましょう。するとその人は、なり得る最善の自分になれるはずです。

言い換えると、自分自身を最大限に実現するには、自分がもつ可能性を徹底的に追求しなければならないということです。

この結果、人は本当の自分自身になれるわけです。これがマズローの言う自己実現にほかなりません。自分を偉人や天才、ライバルと比較するのではなく、「われわれの責任は先ず第一に、誠実にかつ徹底的に自分自身であること」（『マズローの人間論』Ｐ93）、この点が重要だということです。

マズローの次の言葉に耳を傾けてみてください。

Ｗ16　薔薇を百合に変えようとするのではなく、薔薇は薔薇のままでよい薔薇になるように努めるべきだというのである。これは道教的な考え、人をあるがままで受け入れるという思想を含んでおり、自分とはまったく異なる個人の自己実現に喜びを見出すことを意味している。さらに言えば、ありとあらゆる種類の個人の独自なあり方を神聖なものとして認め尊重するということである。
『マズローの人間論』P44

薔薇は薔薇であり、百合を目指してはならない、というマズローの言葉は、まさに含蓄に富みます。そのうえで良い薔薇を目指すこと、つまり自分がもつ潜在能力を最大限に発揮して徹底的に自分自身であること、これこそが自己実現に至る道になります。

また、自己実現が、自分のもつ潜在能力の開発、可能性の追求だとすると、ライバルは他人ではなく自分自身だと結論づけられるでしょう。

とかく人は、身近な人、たとえば身近な友人さえをもライバル視して、「奴さえいなければ」などと考えてしまいがちです。しかしながら、自己実現を前提に考えると、すべての人にとってのライバルは自分自身となります。相手に勝った負けたではなく、今日の自分が昨日の自分より、明日の自分が今日の自分より成長しているかが鍵になります。

もちろん、人生を生きていくなかで、試験や試合に勝つ人もいれば負ける人もいます。厳しいことですがこれが現実です。

何らかの挑戦に失敗したならば、誰しも落ち込むでしょう。しかしその際に、自分自身にこう問いかけるべきです。自分は潜在能力を100%発揮したのだろうか、と。自分がもつ可能性を100%追求したのだろうか、と。

仮に答えがイエスならば、現実を素直に受け入れるしかありません。一方で答えがノーならば、さらなる潜在能力の開発、可能性の追求を続けなければなりません。そもそも、潜在能力を１００％発揮するなど、滅多に起こることではありません。

このように考えると、自己実現とはある日突然起こるのではなく、長い時間をかけた努力の積み重ねによって達成できるものと考えざるを得ません。

マズローは次のように言っています。

W17　困ったことに、私の周囲にいる若者の多くが、自己実現を稲妻の一撃か何かのようにとらえており、ある日とつぜん頭上から降りかかってくるものだと誤解している。皆、自分では何の努力もせず、稲妻の一撃をじっと待ち受けていたいという様子なのだ。自己実現は、ごく自然に突如として達成されるものであり、抑制や統制とは無縁のものだと決めつけている。私が我慢ならないのは、主にこの点、つまり、彼らが不屈の精神や粘り強さ、挫折に耐える力をまったく備えていないという点なのである。かれらは、こうした能力が自己実現の対極にあるものと考えている。

『完全なる経営』Ｐ14

いかがでしょう。自己実現とは、言うは易しですが、達成するのはなかなか難しいもののようです。

マズローは「真の成長は、生涯にわたって続く仕事なのである」（『マスローの人間論』P169）とも述べていますが、そういう意味で完璧な自己実現はありえない、あったとしても極めて稀少なのかもしれません。

実際マズローも、「自己実現は、原理的には容易であるとしても、実際には、ほとんどおこるものではない（わたくしの基準では、大人の人口の1パーセントにもみたないことは確かである）」（『完全なる人間』P258）と述べているほどです。

このように考えると、通常あり得るのは、究極の自己実現を目指して潜在能力の開発を徹底的に追求している人物、これが自己実現的人間なのでしょう。自己実現の達成は不可能かもしれません。しかし、自己実現を目指すこと、自己実現的人間になろうとする努力は誰にでもできます。

●自己実現に近づく方法論

マズローが生前に出版を計画していたのに果たせず、マズローの没後、妻のバーサ・マズローらの手によって世に出た著作に『人間性の最高価値』があります。

この著作に掲載された論文「自己実現とその彼岸」（著作の第3章に相当）においてマズローは、自己実現を目指すための具体的な方法を8項目にわけて解説しています。ノウハウについてはあまり語らないマズローですから、この記述は自己実現を目指す私たちにとって、マズローからの貴重なアドバイスになるでしょう。

W18 第一番目に、自己実現とは、完全に熱中し、全面的に没頭しつつ、無欲になって、十分に生き生きと経験することを意味する。

第二番目は、人生を次から次へと選択する過程と考えようということである。各々の時点において進歩の選択と退行の選択がある。

第三番目。自己実現について語ることは、実現されるべき自己のあることを示している。

第四番目。迷った時には、嘘をつくよりむしろ正直になりなさい。

第五番目。成長の方向への選択、衝動の声に耳を傾けること、そして、正直になって責任をもつことについて述べてきた。そのすべてが、自己実現へのステップである。

第六番目。自己実現というのは、ひとつの終着点であるばかりではなく、いついかなる程度においても、人間の可能性を実現する過程でもある。

第七番目。幻想をこわし、誤った考え方を除去し、自分の不得手なものを知り、自分の才能の中にないものを知る、ということ――これらもまた、人間のあるがままの姿を発見するひとつのステップである。

第八番目。自分が誰であり、何であり、何が好きで何が嫌いか、何が自分のためになって何が害になるのか、どこへ行こうとしているのか、何が自分の天職か、というようなことを見つけ出すことは、自分自身に、自分を開くことによって可能であり、精神病理学の暴露を意味する。

『人間性の最高価値』Ｐ56～61

原文では、８項目それぞれについてマズローの解説がつきますが、右の引用では省いています。右の引用のうち、ここでは自己実現の追求に不可欠と思われる「選択」についてまずふれたいと思います。

マズローは、人生を選択の積み重ねと考え、選択には進歩の選択と退行の選択があると述べています。進歩の選択とは、自分自身の潜在能力を開発できる選択、可能性を追求する選択だと言い換えられます。これに対して退行の選択とは、能力の開発や可能性の追求を断念して、現状維持や安全地帯への逃避を選択する態度です。

マズローが言うように、人が生きるということは選択の積み重ねです。それぞれの場面で、人は誰しも最善の選択をしたいと考えます。しかし、いずれが最善なのか判断に苦しむことも少なくありません。苦渋の選択という言葉が、そのことを如実に物語っています。

それでも人は自分の選択に責任をもたなければなりません。できるだけ後悔しないためにも、選択するうえでの基準があれば心強いでしょう。マズローが言う進歩の選択と退行の選択とは、この基準を指しているのにほかなりません。

つまり、二者択一があった場合、自分の成長により資する選択肢を選ぶということです。選択に次ぐ選択のなかで、常にこの基準を遵守すれば、自己実現により接近できるに違いありません。マズローは第2番目の項目でそのようなことを述べているわけです。

朝起きるのは誰にとっても辛い作業です。日課にしている朝のウォーキングを取り止めて、今日はもう少し寝る、という選択もあります。

あるいは、今日はどうも気分が乗らないので、すべき仕事を棚上げすることもできます。肥満を気にしながらもスナック菓子に手を出すことも、肝臓に悪いとわかっていながらも深酒することもできます。

こうした選択の瞬間、また次の瞬間で、「その選択が進歩の選択だろうか?」と問いかけることが、自己実現にとってとても大切だということです。

ちなみに、哲学の大きな潮流の一つである実存主義（こちらもマズローと関わりが深く、のちにふれることになります）では、どこか賭のような選択の連続が人間にとっての自由であり、この自由を愛することが実存主義の根底に横たわっていると考えます。

実存主義哲学の指摘するこの自由を最大限かつできるだけ効果的に活用するのが、マズローの言う進歩の選択にほかなりません。

●自分の強みは何なのか

次に第7番目の項目に注目しましょう。ここでマズローは「幻想をこわす」「誤った考えを捨てる」「不得手を知る」「自分にないものを知る」という四つを指摘しています。これは「なりたい自分になること」という自己実現の誤った考え方を捨てることに通じます。

私がいくらマズローになりたくてもなれません。これは幻想であり、誤った考え方です。これを捨て去らなければなりません。また、運動音痴の人は、どれだけ努力しようが一流のアスリートにはなれません。つまり不得手なことや自分にないものを追求しても、自己実現は得られません。

不得手や自分にないものを知るということは、自分の弱みについて知ることです。このことは、自分の得手や自分にあるもの、つまり自分の強みについて知ることの裏返しです。こうしてマズローの指摘は、第8番目の項目と響き合います。

つまり、何を得手として何を不得手とするのか、何が好きで何が嫌いなのか、要するに自分が何者なのかについて知ることが重要になります。そのうえで、自分の弱みではなく強みで、自分の嫌いなことではなく好きなことで、自分自身の潜在能力を開発することが、自己実現への近道になるということです。そして、選択に迷ったときは、自分に正直になって、衝動の声に耳を傾けることが重要になります。マズローはこれらを日々積み重ねることが、人間がもつ可能性を実現する道だと説くわけです。

順番が前後しますが、さらに8項目の第3番目についても注目してください。マズローが言う「実現されるべき自己」とは、ちょっと難しい言葉で表現すると「当為としての自己」を意味しています。当為とは「あるべきこと」「なすべきこと」を意味する哲学用語です。あるべき自己、なすべき自己とは、他人になるのではありません。天才や偉人の真似をするのでもありません。先にもふれたように、徹底的に自分自身になるということです。こうして、「徹底的に自分自身になること」と「なりたい自分になること」が一致したときだけに限り、「なりたい自分になること」が自己実現となるわけです。

とはいえ問題は、自分がなるべき自己が、一体どのような存在であるのか、なかなか把握できない点です。そうしたときに、仮に自己実現的人間に共通する特徴があるとするならば、事前にその特徴を知っておくことは、自分自身の自己実現、実現されるべき自己に到達するのに有用だと言えるでしょう。

本章の冒頭で、マズローは論文「自己実現的人間――心理学的健康の研究」において、自己実現的人間がもつ特徴を明らかにしようとしたと述べました。マズローは従来、最も健康な人々は人が健康になるうえでの良い手本になると考えていました。欲求の階層のレベルが上がるほど人は健康になることを思い出してください。つまり自己実現的な人々は最も健康な人々であり、彼らを手本にすることで私たちの健康度も引き上げられるに違いありません。言い換えると、自己実現に近づけるに違いありません。

マズローはこのような意図もあって、自己実現的人間がもつ共通の特徴を理解しようとしたのでしょう。

以下、論文「自己実現的人間――心理学的健康の研究」をベースにしながら、マズローが発見した自己実現的人間の共通点を紹介したいと思います。

●普遍的価値の追求

W19　自己実現しつつある人びとは、ひとりの例外もなく、体外にある目標、すなわち自分自身の外にある何かに従事している。彼らは、何ごとか、すなわち彼らにとって非常に高価なもの、――古い意味、抹香臭い意味では、お召しあるいは天職といわれるもの――に専念している。彼らは、運命がいろいろと呼びかけるところにしたがって働き、働くものが愛するものになるので、彼らにおいては労働と喜びの二分法は消滅する。

『人間性の最高価値』P54

まず、マズローが自己実現的人間の共通点として挙げるのは、彼らが一様に、自分の外にある何らかの目標、自分の外にある何事かに従事しているという点です。

その目標とは自己実現的人間にとって非常に価値の高いものであり、自己実現的人間は労働すなわち仕事を通じてその目標を全うしようとします。

この場合、仕事とは自分が価値を認めているものを達成するための手段になります。そのため自己実現的人間は自分の仕事をこよなく愛することになります。

こうして、自己実現的人間にとって仕事は苦しみではなく喜びへと転じます。ここにおいて、労働による苦しみと喜びという二分法は解消されることになります。このような仕事は、その人にとっての天職となります。

では、仕事を通じて自己実現的人間が追求する目標あるいは価値とは何なのか。実はマズローは、自己実現的人間が掲げる目標、追求する価値にも共通点があることを見て取りました。マズローはこれらをまとめてＢ価値（Ｂｅｉｎｇ価値／存在価値）と呼びました。

Ｂ価値の内容はマズローの著作によって若干の異同が見られますが、大筋に変わりはありません。

以下に記すのは『完全なる人間』収録の論文「至高経験における生命の認識」に掲載された14種類のＢ価値です。

①全体性（統一、統合性、単一性への傾向、相互関連性、単純性、体制、構造、二分法超越、整然）
②完全性（必然性、的確性、適切性、不可避性、適合性、正義、完備、「正当性」）
③完成（終末、終局、応報、「終了」、成就、完結、天運、運命）
④正義（公正、秩序整然、合法性、「正当性」）
⑤躍動（過程、不死、自発性、自己調節、完全機能）
⑥富裕（分化、複雑性、錯雑）
⑦単純（正直、赤裸々、真髄、抽象、本質、骨格構造）
⑧美（正確、形態、躍動、単調、富裕、全体性、完全性、完成、独自性、正直）
⑨善（正確、望ましさ、正当性、正義、徳行、正直）
⑩独自性（特異性、個性、不可代理性、新奇）
⑪無礙（安楽、緊張、努力、困難の欠如、優雅、完全、美的機能）
⑫遊興（たわむれ、歓喜、楽しみ、快活、ユーモア、華麗、自在無礙）
⑬真実、正直、現実（赤裸々、単純、富裕、正当性、美、純粋、清純で生一本、完備、真髄）
⑭自己充足（自立性、独立、みずからであるためみずから以外を必要としないこと、自己決定、環境超越、分離、自己律法による生活）

『完全なる人間』Ｐ１０５～１０６

B価値とは人間にとっての究極的かつ本質的な価値であり、もうそれ以上は分析できないものとして私たちが知覚するものを指します。普遍的価値と言ってもよいでしょう。

また、B価値は階層構造ではありません。他のB価値で別のB価値を表現できるという特徴をもちます。たとえば、美は真であり完全であり、善である、というように。これはちょうど、多面体にカットされた一つの宝石を別の視点から見たとき、見ているものは同じものなのに、感じることは異なるような場合に似ています。

言い換えると、人間がもつ本質的価値、普遍的価値という宝石を言葉で表現すると、右のような14種類の言葉になるわけです。そして、自己実現的人間はこれらの価値を目標にして、天職を通じて達成しようとします。

たとえば、真実や善悪、正義に価値を認め、それらを追求しようとする人は、ジャーナリストを天職にするかもしれません。あるいは小説家になってそれらを追求する作品を書くかもしれません。あるいは裁判官や弁護士の道を選ぶかもしれません。

このように自己実現的人間は、仕事を通じて自分が大切にする価値を実現します。そのため自己実現的人間は仕事をこよなく愛します。しかし仕事はあくまでも価値を達成するための手段です。結果、自己実現的人間が最終的に愛するのは仕事よりも価値になるわけです。

この点に関して、マズローは次のように語ります。

W20　彼らが献身している仕事は、（仕事そのもの以外の外面的目標に達するための手段や、機能的自立性としてではなく）本質的価値の化身ないし権化として理解することができるように思われる。仕事は、これらの価値を具体的なものにするがために愛される（あるいは、とり入れられる）。つまり、最終的に愛されるのは仕事そのものよりもむしろ、それらの価値である。

『人間性の最高価値』P361

●自己実現的人間を動機づけるもの

自己実現的人間と自己実現的でない人間を比較することでも、自己実現的人間の特徴を見つけ出せるでしょう。

自己実現的でない人間とは、自己実現の欲求よりも下位レベルの欲求の満足に傾注している人を指します。

自己実現の欲求よりも下位に位置する生理的欲求、安全の欲求、所属と愛の欲求、承認の欲求は、欠乏欲求としてひとくくりにできることを第1章でふれました。

欠乏欲求とは何かが足りないためそれを満たそうとする欲求です。人はお腹がすくから食事をとります。安全がないがしろにされているから安全を求めます。寄る辺のない人は何かの仲間に所属したいと考えるでしょう。愛すべき人がいない人は夫や妻を求めます。人からないがしろにされている人は尊敬されるよう努めるでしょう。

このように、自己実現の欲求よりも下位に位置する四つの欲求は、おしなべて何らかの欠乏が欲求の動機となっています。そして、一旦欠乏が消滅すると、欲求の存在もかき消されて、人はより高位の欲求を満たそうとするものでした。

これに対して自己実現的人間は、仕事を通じて人間の究極的価値すなわちB価値を追求します。B価値は、徹底的に追い求めても汲み尽くせないという特徴があります。

美は永遠と言いますが、まさにこの言葉が汲み尽くせないB価値の特徴をよく示しています。真にしろ善にしろ完璧な極みに到達するのは不可能です。一歩一歩近づくことはできても完全に達成することはできません。

自己実現的人間は、仕事を通じて自分が大切にする価値に一歩ずつ近づきます。仕事の達成は価値の実現です。しかし、それで目標とする価値を究極まで達成できたわけではありません。さらにその先により高いレベルでの価値の達成が存在します。

こうして自己実現的人間は、仕事による価値の達成が、より高いレベルでの価値の実現を目指す強い動機づけとなります。自己実現的人間の欲求は、満たされることで、さらに強烈な欲求が立ち現れます。この現象は欠乏欲求と対照的です。

欠乏欲求は満たされることでその存在は消えてなくなりました。これに対して、B価値を追求する自己実現的人間の欲求は、欲求が満たされることで、さらに高みを目指す動機づけとなります。なぜなら、彼らが目指すB価値は汲んでも汲んでも汲みきれないからです。

繰り返しになりますが、自己実現の欲求よりも下位レベルの欲求は欠乏欲求としてひとくくりにできました。これに対して自己実現の欲求は成長欲求と言い換えることができます。B価値を追求することで、自分自身の成長をさらに促すこと、さらなる成長が次の成長の動機づけになること、これが自己実現的人間を動かす大きな特徴になっています。

この点に関して次のマズローの言葉を引きましょう。

W21　成長動機が優位を占めている人びとを調べると、動機についての休止到来の考え方はまったく無用となる。このような人びとにおいては、満足が動機を弱めるよりもむしろこれを強める。刺激をしずめるよりも、むしろたかめる。食欲は強められ、たかめられるようになる。それらはますます高じてきて、願望は弱まるどころか、たとえば、教育などについてこのような人は、多くを望むようになるのである。このような人にとっては、休止に達するよりもむしろ、一段と積極的になる。成長への欲望は、満足によってやわらげられるどころか、かえってそそられる。成長はそれ自体、得るところの大きい刺激的過程である。

『完全なる人間』P37～38

このように考えると、人間の成長はやはり果てしなく続くのかもしれません。人生を選択の連続ととらえた場合、自己実現の鍵として、退行ではなく進歩を選択すべきだと先にふれました。成長欲求が動機になっていれば、進歩の選択は至極当たり前のことだと言えるのかもしれません。

●自己実現的人間の二諸相

マズローは当初、自己実現的人間を1種類の型としてとらえていました。しかし、のちにマズローは、自己実現的人間には2種類あると考えるようになります。

マズローはこう言います。

W22 私は最近、自己実現する人びとを二種類（いや等級といった方がよいかもしれないが）に区分した方がはるかに好都合であると考えるようになった。すなわち、一つは、明らかに健康であるが、超越経験をほとんどあるいはまったくもたない人びとと、他は、超越経験が大へん重要であり、その中心にさえなっている人びとである。

『人間性の最高価値』Ｐ３３０

ここでマズローは「私は最近」と語っています。マズローがこの一文を掲載したのは１９６９年に発表した論文「Z理論」でのことです。したがって、60年代の後半に入ってから、マズローは自己実現的人間に2種類、より厳密に言うと二つの階層があると考えるようになったと考えてよいでしょう。

自己実現的人間の一方は、超越経験をほとんどもたない人、もう一方は超越経験が重要かつ中心になっている人です。マズローは、前者を超越的でない自己実現者、後者を超越的な自己実現者と呼びました。

超越経験とは、宗教的経験や神秘的経験、創造的な恍惚感、成熟した愛の瞬間など、最高の幸福と充実の瞬間を指します。本書の第6章では、マズローの心理学を理解するうえで欠かせない至高経験について詳しくふれますが、超越経験は至高経験と同義と考えてよいでしょう。マズローは、この超越経験の有無によって、自己実現的人間を2階層に分けたわけです。

マズローによると、超越的な自己実現者と超越的でない自己実現者には、前者が瞑想者であり、審美的で情緒的・内的経験を大切にするのに対して、後者は行動する人であり、効果的・実際的を重視し、現実検証や認知において優れている人を指します。両者の違いは、至高経験やB価値の認識、高原的経験（絶頂というより、静かで瞑想的なB認識）の有無、あるいはその数が多いか少ないか、あるいは重要度の差という一つの例外を除いて、あとの特徴は共通する、ともマズローは指摘しています。

階層的に見ると超越的な自己実現者が上層、超越的でない自己実現者が下層になります。もともとマズローが指摘した欲求の階層は５段階でした。しかし、超越的な自己実現者の欲求と超越的でない自己実現者の欲求は異なります。前者はＢ価値実現の欲求がより強く、後者はより現実的・実際的な問題解決の欲求が強いと言えるでしょう。

こうして、マズローが指摘した欲求階層論は、５段階から６段階に修正しなければなりません。しかし、いまだに「マズローの欲求５段階説」が流布しているのが現実です。

少なくとも、マズローの心理学では人間の欲求を５段階に分類した、と理解するのは適切ではありません。いまだこの点は誤解されたままですので、この機会に正しく理解してもらいたいと思います。

●自己実現を再度検討する

以上、本章では自己実現について検討してきました。自己実現はマズローが打ち立てた人間性心理学のなかでも、最重要となるキーワードです。また、あらゆる人にとって、自己実現は人生における最大の課題であるはずです。これを機会に、自己実現に対する思索を深め、自身の自己実現への糧にしてもらえればと思います。

本章の最後に、自己実現に関するマズローのとっておきの言葉をもう一つ紹介しておきたいと思います。マズローが学生たちに語った言葉です。

W23　もし、君が、わざと、自分のなれるより低次のものになろうとしているなら、一生、心の奥で不満がつのることになるだろうと思うよ。君は、自分自身の可能性から、逃避しようとしているのだ。
『人間性の最高価値』P44

人がどれだけの潜在能力を有しているのか誰もわかりません。わからないからこそハードルを下げてはいけないということです。マズローが言うように、できるかもしれなかったのにやらなかったとしたら大きな悔いが残るでしょう。

それは、やってみてできなかったよりも、ずっと大きな悔いに違いありません。

第3章「幸福・愛・仕事」についての9つの言葉

●マズローの幸福論

マズローが打ち立てた人間性心理学は、人の健康を増進することを主要な目的の一つにしています。より健康的になればなるほど人はより幸福になるでしょう。そういう意味で、マズローの心理学は、人の幸福を増進する心理学でもあるわけです。

ポジティブ心理学という分野があります。アメリカの心理学者マーティン・セリグマンの提唱で１９９８年に生まれた心理学の新たな領域です。

ポジティブ心理学では、日々の暮らしをより充実させること、健康な人がより健康になること、これらを支援する心理学を目指します。セリグマンは、従来の心理学は人間の病的な面ばかりを強調し、健康な人がより健康になる面をないがしろにしてきた、と言います。セリグマンにとって、ポジティブ心理学は、従来の無視されてきた人間の健康的な側面にスポットを当てる、と宣言したものです。

しかしながら、前章のW14で示したように、マズローが打ち立てた人間性心理学は、ポジティブ心理学よりもずいぶん以前に、健康な人がより健康になるための心理学を目指しています。その意味でマズローの人間性心理学は、現在のポジティブ心理学に先立つ試みだったと言ってよいと思います。

本章では「幸福・愛・仕事」ということで、私たちの身近にあって、有意義な人生を送るうえで欠かせないキーワードを取り上げました。この「幸福・愛・仕事」について、マズローはいかなる見方をしていたのか、本章で確かめたいと思います。マズローの言葉は、幸福な人生を実現するための糧にきっとなるはずです。

では、まずはマズローのこの言葉から始めましょう。

W24　幸福そのものを直接追い求める行為は、心理学的に言って、生き甲斐ある生を営むための手段としては、まったく役に立たないようである。幸福というものは、実際には何か別のものに付随して起こってくる現象、副産物であるらしい。その時点では気付かなくても後で振り返ってあの時は幸福だったと認識できるのは、なにより、やり甲斐ある課題、価値ある目的に没頭し献身した時である。

『マズローの人間論』Ｐ40

いきなりマズローの手厳しい指摘に、ちょっと驚いた人もいるかもしれません。

私たちは誰しも幸福になりたいと考えています。幸福になるには、一般的に、幸福を追い求めなければならないと考えがちです。しかしながらマズローはこの考え方を真っ向から否定します。それどころか、幸福を追求する行為を、幸福を得るには「まったく役に立たないようである」と、見事ばっさりと切り捨てています。

そのうえでマズローは幸福を別のものに付随して起こる現象であり副産物だと言います。では、何に付随する副産物なのか。

それは、「やり甲斐のある課題、価値ある目的に没頭し献身」することによって得られる副産物だとマズローは言います。

この点について、マズローの別の言葉を引きましょう。

Ｗ25　重要で価値ある仕事をやりとげ自己実現に至ることは、人間が幸福に至る道であると言ってよいだろう（このことは、幸福を直接追求するのと比較してみれば、よく理解できる。幸福とは何かにともなって生じる状態であり、副産物なのだ。直接求めるものではなく、善き行いに対して間接的に与えられる報酬なのである）。

『完全なる経営』Ｐ13

先のＷ24の言葉にある「やり甲斐のある課題」「価値ある目的」とは、自己実現的人間を念頭に置くとＢ価値ということになるでしょう。自己実現的人間は、仕事を通じてこのＢ価値を実現しようとします。

つまり、Ｗ25の言葉にある「重要で価値ある仕事」とは、「やり甲斐のある課題」や「価値ある目的」を達成するための、手段としての仕事と考えて問題ありません。

自己実現の欲求は、仕事を通じて自ら大切だと信じる価値を実現することで満たされます。しかしながら、欲求が満たされたからといって自己実現の欲求が消滅するわけではありませんでした。満足自体が刺激となってさらなる成長が目指されます。そのため自己実現の欲求は成長欲求とも呼ばれました。

人が成長するために何かにとり組んでいるとき、その活動に没頭しています。ですから、幸福など感じている余裕はありません。

仕事を通じて何かを達成し、あとでふり返ったとき、はじめて幸福感を覚えます。だからマズローは、幸福とは「何か別のものに付随して追ってくる現象」「何かにともなって生じる状態」「副産物」だと言うわけです。

●天職を見つけるために

したがって、幸福を得ようとするならば、幸福を追い求めるのではなく、一見遠道のようでも、自分が打ち込める仕事を追い求めるべきです。

引き続きマズローの言葉を引きましょう。

W26　この世で最も幸運な人は、恋することでお金がもらえる人です。彼／彼女は何かに魅せられ、自分がそのことで生計を立てることができるということを知るのです。

『マスローの人間論』Ｐ１２９

まさにマズローの言うとおりで、自分が真剣に打ち込める大好きな仕事で生計を立てられるならば、そんな幸せなことはないでしょう。

ただ、マズローが「幸運」という言葉を用いている点がちょっと気になります。天職と巡り会えるのは確かに運もあるでしょう。しかし、そればかりではないはずです。やはり天職を見つけ出すための懸命の努力が欠かせないように思います。いわば、自ら運をつかみ取る挑戦が不可欠です。

それでは、どうやって自分にふさわしい職業を探せばいいのか――。この問いに対する定式化された手法はないでしょう。

ただし、以下に示す「価値」「強み」「貢献」という三つの点について熟考することは、天職に遭遇するための重要なヒントになると思います。

最初の価値ですが、これは自分が大切にする価値観について知ることです。自分の価値観がよくわからないという人は、自分が小さい頃に就きたいと思っていた職業について思い出すことをお勧めします。

誰にも小さい頃に憧れた職業があるはずです。野球選手、看護師さん、ケーキ屋さん、皆それぞれ夢があったはずです。ちなみに筆者の場合は漫画家でして、小学校低学年の頃には何冊ものノートに漫画を描いたものです。

幼少の頃に思い描いた職業に実際に就く人は稀でしょう。とはいえ、小さい頃に無条件で好きだった職業には重要な秘密が隠されているように思えてなりません。それは、その職業の背景にある価値観です。

たとえば野球の背景には、多くの人に夢と感動を与えるという要素があります。そのためには美しい守備や完全な打撃が欠かせません。また、躍動する身体や真摯な態度も人の心を打つに違いありません。ほかにも野球の背景には多様な価値があると思いますが、要するに、自分が将来なりたかった職業について考えるということは、その背景にある価値観について考えてみることにほかなりません。

その価値観とは、子どもの頃の皆さんが無条件に惹きつけられたものです。言い換えると、それは生まれながらにして自分の身についていた価値観の可能性が高まります。そうだとすると、大人になった現在でも、その価値観を大切にする傾向があると考えるのは理にかなっていると思いませんか。

とはいえ、子どもの頃なりたかった職業は思い出せても、その背景にある価値観を見出せないという人もいるに違いありません。ならば、第２章で掲げたＢ価値の一覧をもう一度じっくりと吟味してみてください。

Ｂ価値は人間がもつ普遍的価値でした。そのため、列挙されたＢ価値のうちいずれかが、自分自身の琴線に触れるのではないでしょうか。自分にとってなぜか気になるＢ価値と、子どもの頃になりたかった職業を見較べてください。そのＢ価値が職業の背景にある価値観である可能性がきわめて高いと思います。

いずれにしても、ぜひ一度、小さかった頃になりたかった職業を通じて、自分の価値観を見つめ直してみることをお勧めします。

●「価値観」「強み」「貢献」には優先順位がある

次に強みですが、これは「自分を自分ならしめているもの」と言い換えてよいと思います。もう少し平たく表現すると、自分らしさの主要因、あるいは自分と他人とを区別する最大の特徴、これが強みだと表現できます。

強みとは天賦の才能と考えがちです。しかし、天賦の才能も自らの手で育てなければ強くなりません。そういう意味で、自分がもつ他人との違いを発見したら、時間をかけてもっと違いを際立たせましょう。やがてそれが自分の強みとして花咲くはずです。

三つ目に考えるべきなのが貢献です。社会に多くの問題が山積し、それらが解決されるよう求められています。つまり、社会には多様なニーズがあります。

私たちは自分の強みでこうした社会のニーズに対応し、報酬として金銭を受け取ります。そこで考えるべきなのが、自分の強みを社会のどのニーズ、どの分野に生かすかということです。

健康な身体でいたいというニーズに高度な医療を提供します。知識を得たいというニーズに素晴らしい教育を提供します。おいしいものを食べたいというニーズにとっておきの料理を提供します。

このように、多様な社会のニーズに人よりもうまく対応しようとするならば、人とは違う自分の強みを活用することが必須です。

こうして、自分にとって価値があり、自分の強みを生かせる、社会のニーズを解消する活動、このような仕事が自分の天職になる可能性が高くなります。

マズローの言葉を引きましょう。

Ｗ27　自分がどんな人間であるかを知り、内部の声を聞き取ることとは、自分の望む生涯の仕事は何か、を発見することにもつながる。自己の同一性の発見と、一生の仕事、自己を捧げるべき祭壇の発見とは、ほとんど同じ意味の事柄である。一生の仕事を見つけるのは、配偶者を見つけるのと似たところがある。

『人間性の最高価値』Ｐ217

ただし、注意すべきことがあります。それは、「価値」「強み」「貢献」の順に天職を見きわめるべきであって、この順番に異同があってはいけないという点です。

目立った社会のニーズがあるからといっても、それに対処できる強みがなければ対応できません。

また、社会のニーズに対処する強い能力（強み）があっても、価値観が伴わなければ虚しさばかりが募るでしょう。

この点に関して興味深い話があります。日本代表にもなったサッカー選手の話です。彼はまだまだ現役を続ける能力があったにもかかわらず引退し、自分探しと称して世界を旅する道を選びました。

彼にはサッカーという強みがありました。彼のテクニックは世間を魅了しました。しかしその職業は、残念ながら彼が本来もっている価値観にそぐわなかったのでしょう。

このように最優先すべきは自分の価値観です。そのあとに強み、そして最後に貢献が続くと考えてください。

●良きパートナーと巡り会う

先に掲げたW27の言葉に、「配偶者」という語がありました。幸せな人生を送るには、素晴らしい配偶者との巡り合わせもやはり欠かせません。先にマズローは、天職と巡り会えた人は好運だと述べた点についてふれました。しかし思うに、良きパートナーとの出会いは、天職よりもはるかに運に左右されるのではないでしょうか。

残念ながら筆者に、良き伴侶を得るノウハウを伝授する能力はありません。しかしながら、良きパートナーとはどういう人を指すのか、この点については言及できると思います。

もっとも、本書はマズローの言葉を紹介するものですから、まずはこの点に関するマズローの言葉を紹介しましょう。

W28　愛とは、自我、人格、同一性の拡大と定義してよいであろう。これは、きわめて身近な人びと、たとえば、子どもや妻または夫との関係で、誰しも経験したことがあると思う。

『人間性の最高価値』P246

この一文を読んで、マズローのこの言葉がどうして良き伴侶、良き配偶者について述べているのだろう、と疑問に思った人もいるに違いありません。

自分にとっての良き伴侶とは愛すべき人、最愛の人でしょう。この愛が「自我、人格、同一性の拡大と定義してよいだろう」とマズローは言うわけです。しかし、これは一体どういうことなのでしょうか。

たとえば、愛する人が危険な目にあったとします。私はハラハラし、無事戻ることを願うでしょう。また、愛する人が大きな挫折を経験したとしたら、私も悲しい気分になるでしょう。

このように、自分が愛する人とは、本来自分とは違う人格であるにもかかわらず、その人の経験があたかも自分の経験のように感じる人のことを指します。だからマズローは愛とは人格の拡大、自分とは異なる人格も自分の一部とみなすことだと述べたわけです。

以上から、自分にとっての良き伴侶がどういう人物か、その一面がわかるはずです。すなわち、彼／彼女の喜びや痛みが互いに自分ごとのように感じられる人、これが自分にとっての良き伴侶、良き配偶者が満たすべき最低限の基準です。これに比べると、容姿や趣味、資産、学歴などは、良き伴侶にとって付加的な基準になるように思えます。もちろん資産や学歴と結婚するというのならば、話は別になるのですが。

●愛と性の関係

最愛の伴侶との性生活は人生をより豊かなものにしてくれます。世間ではよく愛と性が別々に語られるものです。特に性については、愛から切り離して語られる傾向が多いようです（何を指しているのかおわかりだと思います）。しかしながら、本来、愛と性は不可分な関係にあります。マズローの次の言葉を引きましょう。

W29　性と愛は、健康な人々においては完全に近い形でお互いに融合しうるし、実際にも融合していることがしばしば見受けられる、との報告がなされている。『人間性の心理学』Ｐ２８１

愛するということは「自我、人格、同一性の拡大」でした。愛のある性行為により、この自我や人格、同一性の拡大が、より具体的に実感できるということを、マズローは言おうとしているのだと思います。

愛のある性行為により、「我 - 汝」は一体となり二分法を超越できます。この二分法の超越は、B価値の一種であったことに注目すべきです。また、超越的な自己実現者の特徴の一つである至高経験でも、二分法の超越が重要な一面になっています。こうして、自己実現的人間にとって、愛ある性は至高経験に至るための重要な行為になるようです。

この点についてマズローは、さらに次のように述べています。

W30　自己実現的人間にとっては、性的悦びというのは最も強烈で恍惚的な完全性のなかに見出されるという非常に強い印象である。もし、愛情が完全性や完全な融合に対する憧憬であるとすれば、自己実現者が時々報告しているオルガスムは、それを獲得したという証拠となるのである。

『人間性の心理学』Ｐ２８２

第2章で示したB価値の一覧を再度確認してみてください。「二分法超越」は「完全性」のなかに含まれているのがわかります。「恍惚的な完全性」とは「恍惚的な二分法超越」とも言い換えられます。

こうして自己実現的人間は、性そのものを追求するのではなく、愛ある性を求めるようになります。

それがB価値に近づく手段を提供してくれるからです。結果、自己実現的人間は、配偶者以外と性的関係をもつケースが、相対的に見て非常に少なくなります。

しかしこれは、自己実現的人間が、配偶者以外に性的魅力を感じないことを意味しているわけではありません。性的な魅力と、愛ある性を通じた二分法の超越はまた別ものなのでしょう。

さらにマズローの言葉を引きましょう。

W31　これを要約してみると、より強烈で深遠で満足できる愛情関係を続けていくことができれば、配偶者以外の人との代償的、あるいは神経症的な性的関係を捜し求める必要は徐々になくなるであろうという現実の人生を受け入れることである。（中略）性的欲望という事実をたやすく受け入れれば受け入れるほど、一夫一婦主義を貫くことがより困難になるというよりは、より容易になるように思われる。

『人間性の心理学』P285

マズローの記述から、良き伴侶は、自己実現にとってもきわめて重要であることがわかります。その重要さは、やはり一生の仕事と似ています。考えてみると、仕事も伴侶も、一生添い遂げるものなのかもしれません。

●感謝の念を抱く

以上、仕事や愛を通じて幸福について考えてきました。最後に幸福と感謝について考えてみたいと思います。

人生とはある意味で単調なものなのかもしれません。来る日来る日はそれぞれ違っていても、同じ時間に起きて通勤し、いつもの業務に就いて人に会い、家に帰って食事をし床につくものです。この繰り返しが続きます。

この単調さにどっぷりつかってしまうと、日々の経験から新鮮さがすっかり消え失せてしまいます。これが極端になると人生に意味や価値が見出せなくなることもあります。これでは幸福な人生とは言い難いですね。

こんなとき、感謝の念を抱くことが人生に彩りを取り戻す一つの方法になるようです。マズローはこう言います。

W32　感謝を覚える能力は、情緒的健康の重要な要素である。日常生活を軽視してしまう危険を防ぐためにも、至高経験を再び誘発するのを助けるためにも、「自分達が持っているありがたいものを意識する」こと、つまり、今もっているものを実際に失わなくともその価値を正しく認識し、それに感謝することはきわめて重要である。

『マスローの人間論』Ｐ１０８

さらにマズローは、感謝の念を抱く具体的方法を二つ掲げています。一つは、自分が心をかけている人物がまもなく死ぬかもしれない、と考えてみることです。

私たちは両親や伴侶、子どもや友人、同僚が、そばにいることが当然のこととして日々生きています。今日再び伴侶や子どもと会えたことを、ごく当たり前のことだと受けとめます。

しかし彼らが突然自分の目の前から消えたとしたら、私たちは何を思うでしょう。想像するだけで涙が込み上げてくる人もいるのではないでしょうか。そして、愛すべき人たちが身近にいることが、実は現実としてなかなか得がたいこと、つまり「有り難い」ことだということが実感できるに違いありません。これは紛れもなく感謝の念です。

こうした感情の動きは、新鮮さを失った人生にきっと精彩を与えてくれるはずです。

マズローが勧めるもう一つの方法は、自分自身が間もなく死ぬ、と考えることです。「死を思え」、すなわち「メメント・モリ」です。

たとえば、私が余命あと1年だと宣告されたとしましょう。仮にこれが現実だとしたら、いつも見ている景色が実は素晴らしく美しかったことに気づくのではないでしょうか。あるいは、日々行ってきた日常茶飯な行為、たとえば歯磨き一つにしても、実は「有り難い」ものだったと再認識し、より深く体験しようとするのではないでしょうか。何しろ残された時間は限られているのですから。

また、日々の選択についても新たな視点が得られるのではないでしょうか。第2章でふれたように、人生は選択の積み重ねです。その選択の過程において、退行よりも進歩の選択を選ぶべきでした。

残り時間が限られているとしたら、より良い選択、すなわち進歩の選択をより慎重に選ぶようになるのではないでしょうか。くだらない選択で時間を無駄にはしたくありませんから。

こちらも人生に精彩を取り戻すためのとっておきの方法になるはずです。

第4章「実存主義・現象学・方法論」についての10の言葉

●マズローが用いた態度と方法

マズローが自身の人間性心理学に用いた手法には際立った特徴がありました。それは実存主義的態度であり、現象学的方法とでも言うべきものです。

実存主義は20世紀の哲学の一大潮流として立ち現れたもので、「実存は本質に先立つ」を信条とする立場です。本質とは法則(あるいは法則性)と言い換えてもよいでしょう。また実存とは現実存在(あるいは事実存在)の略称であり、特に人間の主体的存在形態を指します。

実存主義では、すでに形作られた考え方や抽象的な法則、分類の枠組みよりも、人が主体的存在として実際に体験する経験を、より優位なものとして見なします。これが「実存は本質に先立つ」の意味です。そして、人が自分の存在を賭けて生きることで、個人的な経験から得られた知識の上に抽象的な知識（たとえば法則）を構築することを目指します。

これに対して現象学とは、過去に構築された理論から脱却して、生そのものや人間の経験を重視する立場です。この点で実存主義的態度と軌を一にします。

ただし現象学では、実存主義に比べて具体的な方法論が重視されている点が特徴になっています。その具体的方法の一つにエポケーがあります。

エポケーとは判断保留、判断停止のことで、目に見えている事物に関する常識を一旦遮断して、その存在自体を括弧に入れます。たとえば、目の前にリンゴがあったとしたら、その存在自体を括弧に入れて疑い、そのうえで意識に生じる感覚を一つひとつ列挙して、リンゴという存在を自分自身のなかで再構築します。

もっとも、同様の作業をそれぞれの人が行ったら、人の数だけリンゴに対する定義が存在することになるでしょう。

そこで、ほかの人との共通認識を得るために、経験した内容を互いに列挙し吟味します。そのうえで、お互いに納得できる点を共通認識とし、目に見えた事物に対する相互理解へと達します。このような作業を現象学的還元と呼びます。

マズローの人間性心理学では、以上のような実存主義的態度と現象学的方法を大胆に取り入れているところが大きな特徴になっています。以下、本章では、マズローの言葉を引きながら、マズローがとった実存主義的態度と現象学的方法について、いわばマズローがとった方法論についてより詳しく見ていきたいと思います。

最初に、マズローが実存主義をベースにした心理学、すなわち実存心理学について言及した言葉を紹介しましょう。

W33 ヨーロッパ実存主義の(われわれアメリカ人にとっての)核心とするところを、別のことばでいえば、人間の要求と限界との(ありのままの人間と、ありたいと願う人間、あり得る人間との)ギャップが示す人間の窮境を、徹底的に追求していることである。この問題は、はじめ感じられるほど、同一性の問題と無関係ではない。人は現実的存在であるとともに、また可能的存在でもある。このずれに対する重大な関心が心理学に大変革をもたらしたことを、わたくしは疑わない。

『完全なる人間』P13

前に人生は選択の連続という話をしました。人は自由裁量で選択を行います。しかし選択の責任は自らが負わなければなりません。これは主体的存在形態としての人間の特徴を示しており、同時にその厳しさをも表しています。実存主義はその自由と厳しさを心の底から愛します。

より良い選択とは人間にとっての進歩の選択でした。一つの選択による人間の成長は微々たるものかもしれません。しかし、これが山積していくことで人間は大きな成長を手にできます。

たとえば、現実存在としての私が「1」だとします。この「1」である私が、今日から毎日、とてもわずかですが0・1%だけの成長を目標に据えたとします。

これを1年間365日続けると「1」だった私は、どれだけ成長すると思いますか。1年後に私は「1・439」の存在になります。

さらにこれを2年間730日続けるとどうなるでしょう。何と「1」だった私は2年後に「2・072」になっているではありませんか。つまり2年で倍の成長が可能になります。

このたとえからも、人間は現在あるがままの現実存在（実存）であると同時に、可能的存在でもあることがわかります。2倍にも、3倍にも成長する可能性をもつ存在です。行き着く先は、潜在的能力を存分に発揮する人間、可能的存在としての人間です。

この現実存在と可能的存在の間にはギャップがあります。実はそのギャップを埋める作業が進歩の選択にほかなりません。そしてマズローは、現実存在と可能的存在の間、すなわち窮境でもがき苦しむ人間を徹底的に追求するところに、実存主義の核心を見て取ります。

さらにマズローの言葉の最後にも要注目です。現実存在と可能的存在のズレ、すなわちギャップに対する関心が、心理学に大変革をもたらしたと言うのです。

ここで思い出したいのがマズローの自己実現的人間の研究です。マズローは、自己実現的人間が一般的な人間の模範であり、両者のギャップを知ることで、一般人が自己実現的人間に至る近道を示せると考えました。

Ｗ33の言葉を前提にして考えると、マズローは実存主義の態度から着想を得て、可能的存在としての自己実現的人間の研究を始めたと言えるのかもしれません。

●実存心理学としての人間性心理学

実存主義を基礎にした心理学は実存心理学とも呼ばれました。もっとも、マズローによる人間性心理学は、やはり実存主義を念頭に置いていますから、人間性心理学も実存心理学の一つと考えて問題ありません。

マズローは実存心理学、すなわち人間性心理学について次のように述べています。

Ｗ34　実存心理学は、本質的に二つの点を強調しているように、わたくしには感じられる。その一つは、人間性あるいは人間性に関する哲学、科学には、同一性の考え方や、同一性の経験が欠くべからざるものと考えて、これを徹底的に強調していることである。（中略）第二に、概念の体系や、抽象的カテゴリー、先験的演繹よりも、むしろ経験的知識からの出発を、大いに強調していることである。実存主義は現象学によっている。すなわち、抽象的知識の形成される基礎として、個人的主体的経験を用いるのである。

『完全なる人間』Ｐ11～12

マズローは実存心理学の特徴として大きく二つの点を強調しています。それは人間性の同一性に関する考え方および人間の主体的経験について、徹底的にこだわっているという点です。

人間性の同一性とは、すべての人間が共通してもつ性質や経験を指します。実存主義を基礎に置く心理学（これは人間性心理学と言い換えても問題はありません）は、この人間が共通してもつ性質や経験を徹底的に探求します。

もう一つは、実存心理学が、既存の抽象的な概念よりも人間の主体的経験を重視する点です。ただし、だからと言って抽象的概念を軽んじるわけではありません。実存心理学では、個人の主体的経験を基礎にして抽象的知識を形成することを目指すのであって、これが逆転してはいけないということです。「実存は本質に先立つ」という実存主義の言葉を思い出してください。

また、マズローは、実存主義が現象学によっていると指摘します。そのため実存心理学では、現象学的方法を大胆に採用することになります。この現象学への傾倒はマズローの大きな特徴と言えます。

次のマズローの言葉を読んでみてください。

W35　すなわち、(1) 多くの心理学上の問題は客観的、実験的、行動的、実験室的テクニックから出発するよりもむしろ、現象学から始められるべきである。(2) われわれは、客観的、実験的、行動的、実験室的方法へむかって、いつも現象学的な発端を強調しなければならない。これは、ノーマルで普通のやりかたであると考える。——わずかしか信頼できない発端から、より信頼に足る知識のレベルに至るのである。

『可能性の心理学』P80〜81

●現象学から始める心理学

このようにマズローは、心理学上の問題は、現象学から始めるべきだとまで宣言します。これはなかなか大胆な主張と言えるでしょう。マズロー以前にこのような主張をした心理学者はいないのではないでしょうか。

すでにふれたように、現象学的方法では、既存の考え方を一旦棚上げして、対象をありのまま経験します。そして、主体的人間が経験した内容をありのまま記述します。これはエポケーと呼ばれていました。

マズローは、とにかくありのまま経験する、ありのまま見るという点を非常に重視しました。自分自身があたかも「顕微鏡のレンズ」であるべきだと説きました。

W36　自分自身を正直に知ることは、論理的および心理的に、心の外の世界を知ることに先行するということなのである。経験的知識が、傍観的知識にさきだつのである。あなたが世界を見たいと思うならば、あなた自身ができるだけよく見るひとになることは、明らかに意味がある。したがって、次のように勧告ができよう。あなた自身を知識の優れた道具にしなさい。あなた自身が顕微鏡のレンズであるように、あなた自身を浄化しなさい。『可能性の心理学』P81～82

当然のことながら顕微鏡のレンズは思考しません。焦点を合わせた対象を映し出すだけです。そこに余計な考えが紛れ込む余地はありません。眼前の事象をありのまま映し出すだけです。つまり顕微鏡のレンズになるということは、エポケーと同義だと言えます。誰も信頼せず、ただただ自分自身の眼で見ることです。

また、マズローは次のような表現も用いています。

W37　真の道教的受容の達成は困難である。聴くことができるということ――本当に、完全に、受動的に自己を消滅しきって聴くこと――予想、分類、改良、論争、評価、承認または、否認なしの、話されていることについて対決をせず、あらかじめ、反証を並べたてることなく、語られた部分について自由連想をしてしまって、あとの部分を全然きかないといったことのない——そうした聴きいりかたは稀である。

『可能性の心理学』P146

マズローは対象をひたすら経験する行為を、道教的受容と表現しました。また、道教的受容とは、「干渉しない注意深い観察」とも言い換えられます。自己を消滅しきって、まさに受動的に経験することを指します。これを「捨身」とも呼びますが、この道教的受容もエポケーと同義と考えていいでしょう。

●なぜマズローの著作は読みにくいのか

実際マズローは、主体的経験を最優先し、顕微鏡のレンズになって心理学的問題に接近し、主体的経験を記述しました。これはマズローの著作を読めばよくわかります。

マズローの著作の特徴は、問題の対象を説明する際に箇条書きを多用する点にあります。通常、箇条書きといえば、三つとか五つとか、多くても七つ程度の項目を掲げて、それぞれについて解説するものです。

ところがマズローの場合、箇条の項目数が非常に多いのが特徴です。10項目できかないのはざらで、場合によって20項目を超え、40項目に達することさえあります。

しかも項目間には重複が見られ、またくどくどしいのも大きな特徴になっています。そのため、マズローの文章は理解しにくいものになっています。実際、マズローの名は知っていても、マズローの著作を実際に読んでいる人はあまり多くはないようです。これはマズローの著作が読みにくいのも要因の一つになっているように思えます。

ただし、箇条書きの多用は、マズローの確固たる研究手法に起因するものであって、「重複している」「くどくどしい」といった批判にもマズローはどこ吹く風の態です。その確固たる研究手法とは現象学にほかなりません。

問題にする対象は一つでも、この一つの対象は多様な観点から見ることができるでしょう。マズローは現象学的方法で、これら見えるものを逐一記述しようとしたわけです。その際にとったのが箇条書きです。

そもそも対象は一つであり、同じものを見ているのですから、いくら観点を変えても、重複が出てくるでしょう。くどくどしくもなるでしょう。しかしマズローは、そのようなことなど気にせずに、対象を見つめてありのまま記述しました。結果、何ともこみ入った箇条書きの文章が出来上がったわけです。

マズローはこの点に関して次のように言います。

W38 それは、理解可能であろうとなかろうと、意味があろうとなかろうと、説明できようとできまいと「事物のありかた」を、あるがままの現実の世界を、記述し、受けいれなければならない。事実が理論以前にこなければならない。他方では、それはまた、単純、統一、優雅さへ向かって、また、現実の本質とその構造の骨組を記述するための、凝縮された、簡潔で抽象的な公式へ向かって、またそれが、結局還元されうるものへ向かって、ひた押しするのである。結局、優れた理論は、その両方を行なうのであり、少なくとも、両方を試みるのである。『可能性の心理学』Ｐ１２２

矛盾や非論理的でも構わないので、とにかく徹底して経験したままを記述すること、これがマズローの態度だったことがよくわかると思います。自身が現象学的方法を実践していたわけです。その表れが、重複や矛盾を含むマズローの箇条書きです。

しかし、マズローは経験したものをそのまま記述すればそれでこと足れりと考えていたわけではありません。

W38の後半以下を再度読んでみてください。理論以前に主体的経験を通じた記述を行ったら、抽象化に向かって還元されなければならない、とマズローは言います。抽象化とは、経験的記述から原理原則や体系、法則を構築する作業を指します。つまり、複雑でくどくどしい主体的経験の「単純、統一、優雅さ」への還元です。

そして、優れた理論とは主体的経験の記述および抽象化、その双方を実行あるいは試みるのだ、とマズローは言うわけです。この点に関して、マズローの別の言葉を紹介しましょう。

> W39 科学はしたがって、ただ一つではなく二つの方向と、仕事をもっているのである。それは抽象（統一、倹約、経済、単純、統合、法則化、「把握可能性」）へと向かう。しかし、それはまた包括性へ、すべてのものを経験することへ、これらすべての経験の記述へ、存在するものすべての受容へと向かうのである。
>
> 『可能性の心理学』P120

このように経験と抽象の繰り返し、これがマズローの手法の特徴でした。それを象徴的に示す言葉が「まず見よ、次に知れ。それからもう一度見よ」（『可能性の心理学』P129）にほかなりません。これは「まず経験せよ。次に抽象化せよ。それからもう一度経験せよ」と言い換えられます。

経験と抽象化は互いに対立しがちです。しかし経験と抽象化の2種類の方法は互いに必要であり、密接に統合し、二分法を超越する必要があるわけです。

ただし、経験と抽象化が矛盾するとき、捨てられるのは抽象化、すなわち理論や体系のほうです。

理論や体系は経験のあとにくるものであって、先立つものではありません。この実存主義的立場は、マズローが一貫して堅持したいわば信念です。

●避けるべき経験的知識からの分断

経験と抽象化という作業において最も避けなければならないのは、抽象化した理論の一人歩きです。この点に関するマズローの言葉を引きましょう。

W40　非常に危険なのは、二分化された単なる抽象的知識であり、経験の上に作りあげられ、経験と統合されるかわりに、経験に対立し経験から分裂するのは、こうした抽象形態とこうした体系なのである。もしそういってさしつかえないなら、経験的知識から分断された抽象的知識は誤っており危険である。しかし経験的知識の上にたてられ、または、経験的知識とともに階層的に総合された抽象的知識は、人間生活にとって必要なものである。『可能性の心理学』P107

マズローの言葉は決して他人事ではありません。私たちは経験を棚上げして、抽象的知識のみで物事を理解した気になりがちです。以下の事例は前著でもふれたことなのですが、美術館に行くごとに感じることなので、再度記します。

展覧会で作品を見る際、作品のタイトルや作者、解説のキャプションを読んだあと、作品を鑑賞するという人が多いようです。別にこの鑑賞方法が悪いというわけではないのですが、なかには作品を鑑賞する時間よりもキャプションを読んでいる時間のほうが長い人もいるようです。

キャプションとは抽象的知識です。これに対して作品そのものを鑑賞するという行為は主体的経験です。仮にマズローの手法に従うのならば（美術鑑賞に実存主義的態度を持ち込む必要はないと主張する人もいるかもしれませんが）、キャプションを見る前に、作品そのものを経験しなければならないことになります。

少なくともキャプションだけ読んで作品を鑑賞しないとしたら、これぞまさに本末転倒の誹《そし》りを免れません。これこそまさに「二分化された抽象的知識」です。

しかしながら、繰り返しになりますが、マズローが抽象化を切り捨てたり軽んじたりしたことは一度もありません。これは右の事例にしたがって言うならば、展覧会には作品のキャプションも必要なのだということです。

この点に関して、再び、マズローが実存主義と現象学に言及した言葉を紹介しましょう。

W41　実存主義と現象学は、またその大部分が、巨大で、言葉の上だけの、ア・プリオリで、抽象的な哲学の全体系の拒否である。これは人生それ自体に戻る企て、すなわち、もし哲学が生々としたものであり続けようとするならば、その上にすべての抽象性が基づくべきであるような具体的な経験に戻る企てなのである。

『可能性の心理学』Ｐ１０９

W42　私の論点は、経験的知識は言語概念的知識にさきだつが、それは階層的に統合されていて、互いに必要なのだということである。このどちらの知識についても過度に特殊化してはならない。プシュケーを内に残している科学は、経験的なデータを排除する科学よりもいっそう強力であることが示されうる。

『可能性の心理学』Ｐ79～80

いかがでしょう。マズローの研究態度が、実存主義的かつ現象学的であることがわかってもらえたと思います。もちろん、マズローが採用した研究態度は、私たちの研究態度にも活かせることは言うまでもありません。

今度マズローの著作を読んで、こみ入って要領を得ないと感じたら、ぜひともマズローの研究態度を思い出してもらいたいと思います。

第5章「創造性と教育」についての11の言葉

●自己実現的人間と創造性

マズローは自己実現的人間の研究を進めるなかで、創造性に対する定義を変更しなければならなかったと、論文「自己実現する人における創造性」のなかで告白しています（この論文は『完全なる人間』と『創造的人間』の双方に収録されています）。

そもそもマズローは創造性が、理論家や芸術家、科学者、発明家、作家などといった特定の職業に就く人々に独占されるものだと考えていたといいます。

しかし、自己実現的人間の研究を進めると、こうした特殊な職業についていない人でも、創造的としか言いようのない活動をしている場面に、マズローは繰り返し遭遇しました。こうしてマズローは、創造性には2種類あることに気づきます。

また、マズローは創造の過程を観察するなかで、創造には第一次的創造と第二次的創造の2種類があることも発見します。

前者の第一次的創造は直観や予期せぬ着想など、より無意識に支配されている創造を指します。これに対して第二次的創造とは、第一次的創造で得た素材を吟味して、膨らまし、矛盾をなくして、現実的なものにする作業を指します。

フロイト心理学の影響ばかりではないでしょうが、現代社会は無意識を抑圧する傾向が強いため、結果、第一次的創造のパワーが弱まっているというのがマズローの見立てです。

自己実現的人間が創造的人間だとすると、創造性を高めることは、自己実現に至る道に通じます。そのためには、第一次的創造により着目して、その創造性を解放することが欠かせないとマズローは言います。そして、人間の成長を支援する教育の課題は、この創造性の開発にあるともマズローは主張しています。

以下、本章では創造性と教育について、マズローが何をどう主張したのか、彼の言葉をたどりながら考えてみたいと思います。

まず、創造性と自己実現的人間の関係について考えてみましょう。マズローは両者の関係について次のように述べています。

Ｗ43　創造性の概念と健康で、自己実現をとげつつある完全なる人間の概念とは、漸次合体し、おそらくついには同じことに　なってしまうというのが、私の感じである。『人間性の最高価値』Ｐ71

どうして創造性の概念と自己実現的人間の概念が合体し、同じことになるのか、と疑問に思う人も多いに違いありません。

自己実現的人間は至高経験を頻繁に体験するという特徴があることはすでに述べました。至高経験とは、宗教的経験や神秘的経験、創造的な恍惚感、成熟した愛の瞬間など、最高の幸福と充実の瞬間を指しました。

一方、創造行為に深く入り込んでいるとき、人は時間を忘れてその瞬間を最大限に生きます。過去や未来を忘れて現在に没入すると言ってもよいでしょう。創造の際に起こるこの現象は、まさに至高経験の一面を示しているわけです。

この点に関してマズローは次のように言います。

Ｗ44　至高経験の最も簡潔な説明として、注意を完全に保持するに足るような興味深い事柄に魅惑せられ、熱中し夢中になることを挙げてよいであろう。しかも、これは偉大な交響楽や悲劇に対しての熱中を引き合いに出しているのではない。映画や探偵小説に凝ることによっても、あ

るいはまた自分の仕事に没頭することだけでも、これはできるのである。『人間性の最高価値』P77

マズローが言う「注意を完全に保持するに足るような興味深い事柄に魅惑せられ、熱中し夢中になること」とは、まさに創造の際に起こる現象だということがわかるでしょう。創造性がもつ特徴は至高経験の一面であり、自己実現的人間の特徴にもなっているわけです。

自己実現的人間が、等しく理論家や芸術家、科学者といった、一般に創造的だと考えられている職業についているわけではありません。それでも彼らは創造的です。

この点に関してマズローは、あるごく平凡な主婦を例に挙げ、彼女の作るご馳走や食器選び、家具の好みは、独創的で斬新で、器用で、思いもよらず、これを創造的と呼ばざるを得なかった、と述べています。そのうえでマズローはこう言います。

W45　わたくしは、彼女や彼女に似た人びとから、一流のスープは二流の絵画よりも創造的であり、また一般に、料理や育児や家事が創造的であり得る一方、詩が必ずしも創造的でなければならないというわけでなく、非創造的でもあり得るということを知ったのである。

『完全なる人間』P173

こうしてマズローは創造性を「特別な才能の創造性」と「自己実現の創造性」の2種類に分類します。前者の「特別な才能の創造性」とは、芸術家や発明家に見られるような、通常私たちが創造的行為と深く関わるものです。これに対して後者の「自己実現の創造性」とは、ごく一般の職業に就く人が、熱中し夢中になることで、広く日常生活に見出される創造性を指します。

●創造の過程

マズローは、この自己実現の創造性に子どもがもつような天真爛漫な傾向を見て取りました。

W46 自己実現者に見られる創造性はむしろ、歪んでいない健康な子どもの天真爛漫で普遍的な創造性と同類であるように思われる。それは、一般的な人間性のもつより基本的な特徴、すなわちすべての人間に生まれながらに与えられた可能性のようなものであると思われる。ほとんどの人は、社会化されるにつれてこれを失ってしまうが、ごく少数の個人は、この人生の新鮮で純真で直接的な見方を持ち続けるか、あるいは大部分の人たちと同じように、よしんばそれを失ったとしてもあとでそれを回復するように思われる。

『人間性の心理学』P257

確かにマズローが指摘するように、私たちは子どもの頃、大人にはない創造性を発揮したものです。それは天真爛漫で無垢な活動から生まれるものでした。

ところが大人になるにしたがって、何故か無垢な創造性を失っていくようです。自己実現的人間は、この子どもがもつ創造性を大人になっても保持し続ける人、あるいは大人になってから再度取り戻す人だとマズローは言うわけです。これは、成長することで第二の純真さを手にすることから、「第二の無邪気」ともマズローは呼びました。

芸術にアール・ブリューという分野があります。「生《き》の芸術」とも呼ばれるアール・ブリューは、正規の芸術教育を受けていない人々による芸術作品です。なかでもアール・ブリューでは、知的障がい者による作品が多数を占めている点が大きな特徴になっています。

彼らは、作品に対する評価を目的に創作するのではなく、創造に対する根源的欲求から作品を生み出します。うまく描こう、上手に作ろうという、大人になると頭をもたげる、余計な意図がないようです。

そのためでしょうか、アール・ブリューの作品群を見ると、まるで子どもが創作したような純粋無垢な作風に驚かされます。これは精神面で障がいをもつ人々が、誰もが子どもの頃にもっていた創造性を失わずに保持しているかのようにも思えます。

創造的であることが自己実現的人間の一面を表しているとすれば、私たちは子どもがもつ純粋な態度に学ぶ必要がありそうです。その際にぜひとも理解しておくべきことが、創造の過程には２種類あるというマズローの指摘です。

W47　ここで興味のあるこのような一次的過程、認識、つまり世界観や思想の無意識的過程は、常識とか、よい論理とか、精神分析学者が「二次的過程」と呼んでいる論理的、感覚的、現実的なものの法則性とは著しく異なったものである。

『人間性の最高価値』P104

創造の一次的過程とは、空想的、詩的、芸術的、遊戯的、子どもっぽさといった、本能の抑圧から解放された活動を通じた創造です。どちらかというと女性的な側面が強調されており、ニーチェが言うディオニュソス的特徴をもちます。この一次的過程を基礎にする創造性を第一次創造性と呼びます。

これに対して創造の二次的過程とは、現実的、科学的、合理的、懐疑的、秩序的、論理的といった、確固たる理性のもとで行う創造です。こちらは男性的側面が強調されており、アポロン的と表現できるでしょう。この二次的過程を第二次創造性と呼びます。

●「創造」という語の意味

実は、漢字で書く「創造」は、意外にも第一次創造性と第二次創造性の両面を意味しており、とても意味深長です。

まず、「創」ですが、こちらは訓読みで「つくる」と読むのが一般的です。ただし、この「創」には、ほかにも「きず」と「はじめる」という訓読みがあることは、あまり知られていないかもしれません。全身傷だらけ、転じて手ひどく痛めつけられている状況を満身創痍と表現します。身体全体（満身）が傷だらけ（創痍）というわけです。「創」も「痍」も「きず」の意味です。

この「きず」を意味する「創」が、「はじめる」「つくる」と関係するのは、非常に興味深いことだと思います。

絵画における最初の一筆は、白紙の画用紙を汚す行為、つまり傷つける行為です。あるいは彫刻における最初の一刀は、まさに木を傷つける行為にほかなりません。つまり、最初に手を下し傷つけるという行為とは、「はじめる」ということであり、ここから「つくる」という作業がスタートするわけです。

この「創」に対して「造」にも深い意味があります。「造」もやはり訓読みでは「つくる」と読むのが一般的です。これに加えて「造」には、「いたる」という訓読みがあることはあまり知られていないのではないでしょうか。

学問や技術などをよく知っていることを「造詣が深い」と言います。この場合の「造」「詣」はともに「いたる」という意味です。つまり「造」には、目的地まで到達すること、転じてものを最後まで作り上げる意をもちます。

このように「創造」には、ものを作り始め、やがて完成に至るまでの過程が、その字義に含まれているわけです。ですから、「創る」と書いた場合、何かを作り始めるニュアンスであり、「造る」と書いた場合、何かを造り終えるニュアンスがあるわけです。

また、ものの作り始めには直観や本能がものを言うでしょう。この点でものの作り始めに相当する「創」は、第一次創造性を意味していると言えます。これに対して、ものを最後まで作り上げるには論理的で分析的な態度が欠かせません。その点でもの作りの完成を意味する「造」は第二次創造性の意味合いを強くもつように思います。

このように考えると、創造には、第一次創造性から第二次創造性に移行する転換点があるのでしょう。あるいは両者を行き来して作品は完成するのかもしれません。

マズローの言葉に耳を傾けてみましょう。

W48　つまり、二次的過程がいまや一次的過程にとって代るわけであり、ディオニソス神に代

ってアポロ神が、「女性」に代わって「男性」が生ずるといえる。『完全なる人間』P183

マズローが言う、一次的創造性から二次的創造性への移行、これは「創」から「造」への移行と言えるでしょう。そして、第一次創造性と第二次創造性が高度に融合された創造を、マズローは統合された創造性と呼びました。

●アイデア発想と創造性

統合された創造性の具体例について、アイデア発想を例にとりましょう。

アイデアの発想には発散思考と収束思考という2種類の型があります。発散思考とは直観を大切にし、無批判でアイデアを出力する過程です。これに対して収束思考は発散思考で出力したアイデアを批判的に検証して現実的なものにする過程です。もうおわかりと思いますが、発散思考は第一次創造性、収束思考は第二次創造性に相当するのがわかると思います。

発散思考では斬新なアイデアが求められます。しかし、そのままでは現実への応用がききません。収束思考ではアイデアを現実的かつ批判的に検証します。しかしこれが行き過ぎれば、斬新なアイデアは次々と闇に葬られてしまいます。

私たちは第一次創造性に相当する発散思考と、第二次創造性に相当する収束思考、これら双方を繰り返して斬新かつ現実的なアイデアを手にします。つまり斬新かつ現実的なアイデアには、第一次創造性と第二次創造性の双方、つまり統合された創造性がどうしても必要になります。

しかしながら、無意識を悪と考える社会では、第一次創造性が抑圧されがちです。これは大人になるにしたがって、子どもがもつような創造性が消えていくことと関係があるようです。

子どもはどこか空想的でとっぴなことを考えるのが得意です。これに対して大人はものごとを論理的に考えて現実に沿うようにすることを得意とします。つまり、子どもは第一次創造性に強く、大人は第二次創造性に強いと言えます。

大人に比べて子どもは社会的抑圧が少ないと言えるでしょう。しかし、人は成長するにしたがって社会の枠にはまらざるを得なくなります。こうして本来もっていた豊かな第一次創造性が失われていくのではないでしょうか。このように考えると、自己実現的人間がもつ子どもの頃のような創造性を再び獲得するには、第一次創造性に着目することが大切になるでしょう。

マズローの次の言葉に注目しましょう。

W49　われわれただ創造的作品のみならず、創造的過程、創造的態度、創造的人間にもっと関心をもつようにならなければならない。だから、創造性の達成面より、インスピレーション面つまり、「二次的創造性」よりも「一次的創造性」にもっと注意を払うのがよい戦術であると思われる。

『人間性の最高価値』P120

先にも触れたように、第一次創造性は、無意識と深く結びついています。そのため、第一次創造性を育むためには、無意識に対する従来の態度を改めなければなりません。

こうしてマズローは、すべての無意識を悪と決めつけたフロイトを批判します。

W50　われわれが現在訂正している、彼の犯したひとつの大きな誤りは、無意識を単に、好ましからざる悪でしかない、と考えたことである。だが、無意識はまた、創造性や喜び、幸福、善、人間的な倫理や価値自体の源泉でもある。不健康な無意識と同時に、健康な無意識のようなものがあることを、われわれは知っている。新しい心理学は、この点の研究に全力をあげている。実存主義的精神医学者や心理治療者は、実際に、これを実践に移している。いまや、新しい種類の心理療法がおこなわれているのである。
『人間性の最高価値』P205

マズローが「彼」と記すのは、もちろんフロイトのことです。マズローが言うように、健康な無意識に着目して、創造性をより伸ばすようにするのが重要です。自己実現的人間の一面である豊かな創造性を育むことは、自己実現へ至る道だと考えるべきでしょう。

●教育が目指すべきもの

以上のように考えてくると、教育が目指すべきこともはっきりとしてきます。それは単に知識を伝授するだけでなく、より完全な人間になることを手助けすること、つまり人の自己実現を支援することが、教育にとっての重要な役割になります。

Ｗ51　教育は、少なくとも部分的には、よき人間をつくり、よき生活とよき社会を育成する努力だと考えなければならない。このことを放棄するのは、道徳や倫理の実在することと、それが望ましいものであることをも放棄するのと同然である。

『創造的人間』Ｐ75

Ｗ52　新しい第三の心理学によれば、教育の長期の目標は――精神療法、家庭生活、仕事、社会、さては人生そのものの目標とおなじく――人間の成長を助けて、もっとも豊かな人間性にいたらせ、その最高の潜在能力を最大限に実現成就し、その人に可能な最高の発達をとげさせることにある。一言でいえば、教育はその人がそのなりうる最善のものとなり、その人が潜在的に深く蔵している本質を、現実にあらわすのを助けるべきである。健全な成長とよばれるものは、この究極目標へ向かっての成長のことである。

『創造的人間』P65

従来の教育は、論理や分析を基礎にする第二次創造性の開発を重視する傾向にあったように思えます。しかしながら、教育が自己実現的人間への成長を支援する活動だとすれば、無意識を基礎にする第一次創造性の開発をも重視する必要があるでしょう。

また、教育は人が退行の選択ではなく進歩の選択を選ぶよう背中を押さなければなりません。人生は選択の積み重ねであり、その時点その時点における成長への選択が積み重なり、自己実現へと至るのでした。

マズローは、成長への選択の最終的結果と退行への選択の最終的結果を比較すれば、人は誰しも進歩の選択を選ぶだろうと言います。これは、成長への選択を促す教育の方法を考えるうえで意義あるヒントになるでしょう。

またマズローはこうも言います。

W53　成長は、「人間存在」という概念の決定的特徴を、より多く達成するよりよい方法である。退行と防衛は、安全水準で生きることであるから、ただ生存せんがために、これらの「高次の」

決定的諸特徴の多くを断念する方法である。
『創造的人間』P130

確かにマズローの言うように、進歩の選択によって得られる果実を手にできないのは、私たちにとってあまりにも損失が大きいと言えます。教育では、その点を声高に主張する必要があるように思います。

そして、教育における創造性の開発が、人の自己実現を支援する有力な手段になると理解すべきです。何しろ本章の冒頭でも紹介したように、創造性の概念と自己実現的人間の概念は融合し同じものになるのですから。

第6章「至高経験」についての11の言葉

●至高経験とは何か

マズローが打ち立てた人間性心理学を象徴するキーワードには、自己実現や自己実現的人間、シナジー、ユーサイキアなどがありますが、至高経験（peak experience）もその一つに数えられます。

至高経験は、マズローが自己実現的人間の特徴について研究している過程でつかんだものです。自己実現的人間には、恍惚や歓喜といった人間にとって最高の喜びを経験する事例が多い点に着目したマズローは、こうした経験をひとくくりにして至高経験と呼びました。

マズローが至高経験について述べたのは、１９５６年９月１日、アメリカの心理学会の会長講演でのことでした。この講演原稿を改訂して論文にしたものが１９５９年の学会誌に「至高経験における生命の認識」として掲載されました。

以下、この論文や他の至高経験に関するマズローの言及から、至高経験が具体的にどのようなものなのか、その正体を明らかにしたいと思います。

そこでまず、マズローによる至高経験の定義を紹介しましょう。

W54　最高の幸福と充実の瞬間に得られる、B愛情の経験、親としての経験、神秘的、大洋的、自然的経験、美的認知、創造的瞬間、治療的あるいは知的洞察、オーガズム経験、特定の身体運動の成就などにおける認識事態を単一の記述でもって「至高経験」と呼ぶ。『完全なる人間』P92

W55　至高経験という語は、人間の最良の状態、人生の最も幸福な瞬間、恍惚、歓喜、至福や最高のよろこびの経験を総括したものである。このような経験は、創造的恍惚感、成熟した愛の瞬間、完全な性経験、親の愛情、自然な出産の経験などというような、深い美的経験からでたものであることがわかった。私は――至高経験という――一用語を、一種のまとめられた抽象的概念として用いている。『人間性の最高価値』P125

異なる著作から、至高経験に関するマズローの定義を2種類紹介しました。

W54は『完全なる人間』収録の論文「至高経験における生命の認識」からのもので、マズローによる至高経験の最初の定義です。『人間性の最高価値』収録の論文「事実と価値の統一」から引用したW55はそれよりも新しい定義です。

いずれも言及していることは基本的に同じで、至高経験とは「最高の幸福と充実の瞬間」に得られる「人間の最良の状態」であり「人生の最も幸福な瞬間」です。

これらの経験は、ある特定の活動を行っている際に立ち現れます。マズローはそれらの活動を具体的に挙げています。

W54では、B愛情の経験、親としての経験、神秘的・大洋的・自然的経験、美的認知、創造的瞬間、治癒的あるいは知的洞察、オーガズム経験、特定の身体運動の成就です。

またW55では、創造的恍惚感、成熟した愛の瞬間、完全な性経験、親の愛情、自然な出産の経験を挙げています。

またマズローは、至高経験ついて次のような言葉も残しています。

W56　このような分析の必要上から私が定義した至高経験は、宗教的経験、神秘的経験あるいは超越的経験を世俗化したものである。もっと精確にいえば、至高経験は、宗教だけでなく、どのような種類の哲学――教育哲学、政治哲学、芸術哲学など――をも、それからうち建てることのできる素材なのである。

『創造的人間』Pⅶ～ⅷ

宗教的経験や神秘的経験、超越的経験を世俗化したもの、それが至高経験だとマズローは言います。つまり、創造的な瞬間や美的認知、親としての経験は、いわば世俗的な営みであり、このような営みを通じてでも宗教的経験や神秘的経験と同質のものを人は体験できるのだ、とマズローは言うわけです。

さらに前章で創造性についてふれた際、「至高経験の最も簡潔な説明として、注意を完全に保持するに足るような興味深い事柄に魅惑せられ、熱中し夢中になることを挙げてよいであろう」（『人間性の最高価値』Ｐ77）というマズローの言葉を紹介しました。

その際にマズローは、映画や探偵小説に凝ることや、自分の仕事に没頭することでも至高経験を得られることがある、と述べていました。文字どおりまさに世俗的な行為を通じてでも、至高経験は立ち現れるものです。

●至高経験の特徴

マズローは先に示した論文「至高経験における生命の認識」において、得意の現象学的方法を用いて、至高経験の特徴を箇条書きで列記しています。その数、なんと19項目です。

一方で、こちらも先に示した論文「事実と価値の統一」では、至高経験の特徴を簡潔な文章にまとめてくれています。こちらの言葉を引きましょう。

Ｗ57　おそらく百人にものぼる人びとから得た至高経験前後に世界がどのように見えるかについての多くの説明は、次のような言葉になる。真、美、全体性、二分法超越、生々と躍動する過程、独自性、完全、必然、完成、正義、秩序、単純、富裕、安易、たわむれ、自足。

『人間性の最高価値』Ｐ１２５

ただ、右の言葉では、あまりにも説明が簡単過ぎるきらいがあります。そこでマズローが論文「至高経験における生命の認識」に列挙した至高経験の特徴である19項目すべてについて、簡潔な箇条書きで紹介しておきます。

1　対象を全体として、完全な一体として見る。
2　認識の対象にすっかり傾倒（あるいは没入）してしまう。
3　人間との関係を断った認識を得る。
4　理解を一層豊かなものにする。
5　認知は自我超越的で、自己忘却的で、無我であり得る。

6 それ自体が自己正統的であり、それ自体に価値がある。

7 時間や空間について非常に著しい混乱がみられる。

8 必然的で不可避なものであり、あるべき姿として経験される。

9 絶対性が強く、それほど相対的ではない。

10 能動的というよりも、はるかに受容的、受動的である。

11 経験を前にして、驚異や畏敬、尊敬、謙譲、敬服という特殊な趣をもつ。

12 世界全体が一つの統一体として認識され、その逆に部分が世界全体として認識されることもある。

13 具体的なものを見出すと同時に抽象的なものを見出す。

14 多くの二分法や両極性、葛藤は融合し、超越し、解決される。

15 世間や人間を完全に愛すべきものとして受け入れる。その点で神性を有する。

16 個別的で非分類的である傾向が強い。

17 一時的ではあるが、おそれ、不安、抑止、防衛、統制の完全な消失、否認、遅滞、抑制の中断がある。

18 自分自身の生命に一段と接近する。

19 一次的創造性と二次的創造性の融合であり、人の真の統合をみる。

原典ではそれぞれについての詳しい解説が掲載されています。この一例からも、マズローが現象学的方法を徹底して駆使し、問題の対象がもつ特徴を列挙する態度がわかるというものです。

●至高経験と自己実現的人間

それはともかく、マズローは自己実現的人間が掲げる目標、追求する価値に共通点があり、これをＢ価値と呼んだことはすでに述べました。また、Ｂ価値を心より経験し認識することを、マズローはＢ認識と呼びました。

第２章で見たように、マズローが掲げたＢ価値とは、①全体性、②完全性、③完成、④正義、⑤躍動、⑥富裕、⑦単純、⑧美、⑨善、⑩独自性、⑪無礙、⑫遊興、⑬真実、正直、現実、⑭自己充足でした。Ｂ価値は人間にとっての究極的あるいは普遍的な価値であり、これ以上の分析が不可能なものでした。

ここで注目したいのは、至高経験の際に得る認識と、Ｂ価値（Ｂ認識）の間に、強い相関があるということです。これは一体何を意味するのでしょうか。

おそらくこれは、人が至高経験を体験することで、一時的に自己実現を達成していることを意味しているのでしょう。
マズローの言葉を引きましょう。

W58 換言すると、だれでもなんらかの至高経験においては、一時的に、自己実現する個人にみられる特徴を多く示すのである。つまり、しばらくの間、かれらは自己実現者になるのである。望むなら、われわれは一過性の性格的変化と考えてよいのであって、情緒、認識、表現状態とはまるで違う。これらはかれの最も幸福で感動的な瞬間であるばかりでなく、また最高の成熟、個性化、充実の瞬間――一言でいえば、かれの最も健康な瞬間――である。

『完全なる人間』P123

W59 私がB認識と呼んできたもの、存在、他者、人間や事物の本性の認知は、より健康な人びとに生じ、より深い事実の認知であるばかりか、同時に対象の当為の認知でもある。すなわち、当為は深くとらえられた事実の本質的側面である。それは、それ自体とらえられるべき本質でもある。

『人間性の最高価値』P145

当為とは「本来あるべき姿」「人がまさになすべきこと」でした。人は至高経験を通じて、B価値の本来あるべき姿を認識し、また自分自身の本来あるべき姿、まさにあるべきこと、なすべきことを認識します。

つまりマズローは、人間があるべき最高の状態、したがって最も健康的な状態、これが至高経験の瞬間だ、と言うわけです。

しかも、至高経験は、自己実現的人間のみが体験するものではありません。この点について、マズローの次の言葉は要注目です。

Ｗ60　このような状態（筆者注　至高経験の瞬間）、あるいは挿話は、理論的にいってだれでも生涯のうちいつか訪れるものである。われわれが自己実現する人びとと呼んでいる人を区別するものは、平均人よりもはるかに何度も、また強く、完全に、これらの挿話的事態が生ずるとみられることである。

『完全なる人間』Ｐ１２４

このように自己実現的人間（厳密には超越的な自己実現的人間）は、至高経験の頻度や程度の過多によって特徴づけられるということです。

●至高経験は意図的に体験できるか

では、至高経験を意図的に体験することはできるのでしょうか。マズローは『人間性の最高価値』に収録した論文「教育と至高経験」で次のように書いています。

W61　至高経験を体験するための最も容易な二つの方法は（経験的報告に関する単純な統計によるものではあるが）、音楽と性行為であることを、報告しておきたい。（中略）私は、いつの日か、性の問題を、笑い事ではなく、真剣に取り上げて、音楽や、愛や、洞察や、美しい牧場や、可愛い赤ん坊を好む子どもたちに、天国に行く多くの道の中に、性と音楽とがあることを教える日の来ることを信じている。この二つは、最も簡単で一般的な、最も理解しやすい方法である。

『人間性の最高価値』P207

第3章でふれたように、より強力な愛情関係のもとでの性は、自己を拡大し、「我・汝」という二分法を超越するものでした。マズローはこれを「恍惚的な完全性」（『人間性の心理学』P282）と記しました。

一方でマズローは、至高経験の特徴として「1　対象を全体として、完全な一体として見る」「2

認識の対象にすっかり傾倒（あるいは没入）してしまう」を挙げました。性における恍惚的な完全性と至高経験が一致するのは明らかです。

もっとも、残念ながら、性や音楽を通じて、必ず至高経験を体験できるわけではありません。この点に関してイギリスの作家でマズローとの交流が深かったコリン・ウィルソンが面白いことを書いています。

ある日、ウィルソンは、マズローに対してこう質問しました。

「意のままに至高体験に到達する方法を身につけることはできますか？」

これに対してマズローはこう答えたといいます。

W62　無理だね。あれはあちらさんの都合でやってきて、また去ってゆくのだ。私に言わせればそれを引き起こす絶対確実な方法なんてものはない。

コリン・ウィルソン『超越意識の探求』（2007年、学習研究社）P17

至高経験を得るため絶対確実な方法はない――。これがマズローの回答でした。

話はやや脱線しますが、これに対してウィルソンは、いまから思うと右の言葉は、あの楽観的なマズローの哲学とは矛盾する、と述べています。というのも、ウィルソンは至高経験を意識的に得る方法があると考えていたからです。
実は右でふれたウィルソンの著作『超越意識の探求』は、その手法について言及したものです。この点に興味のある方は一読をお勧めします。

●マズローは至高経験を体験したか

話を元に戻しましょう。マズローは、至高経験を相対的に得られやすい人々が存在すると指摘しました。

Ｗ63　したがってわれわれは、Ｂ価値が次のような要件によってもっと強く選ばれるようになると予想できるのである。一、健康で成熟した人びと、二、年輩者、三、強壮で独立心の旺盛な人、四、勇気のある人、五、教養の高い人、など。Ｂ価値選択のパーセンテージを高める一つの条件は、大きな社会的圧力のないことである。
『人間性の最高価値』Ｐ１７４

幸福は追求するものではありませんでした。これと同じことが至高経験にも言えるのかもしれません。至高経験も別の何かに付随するものなのではないでしょうか。その意味で、結局は自己実現的人間を目指すことが至高経験を得るための近道なのかもしれません。

ところで、至高経験を研究対象にしたマズローですが、果たしてマズロー自身は至高経験を体験したのでしょうか。興味深い一文があるので紹介しましょう。

W64　ある夜、夜警のアルバイトをしていた家具屋で勤務に就いていた時のことである。ただひとり『習俗』を読んでいて、突然強烈な畏怖と崇敬の念に襲われた。それは一種、身の凍るような、総毛立つような至高経験であった。単純に幸福だったのではない。不気味なほどの神秘と自己の卑小さ、無力さのようなものも同時に感じていた。
『マスローの人間論』P35

これはマズローが大学在席中に、ウィリアム・グラハム・サムナーの著作『習俗』を読んでいるときに経験した出来事を記したものです。この記述から、マズローが早い時期に至高経験を体験していたことがわかります。

マズローはこの至高経験を契機に、自分自身もサムナーの後に続き、哲学、心理学、人類学に貢献できるよう力を尽くそうと誓った、と述懐しています。このように至高経験は人の人生を変えるほどのインパクトをもっていることがわかります。

なお、右の一文は、マズローが死の４日前にあたる１９７０年６月８日に記された手記からの引用です。絶筆とも言える手記に、自身の至高経験について記述するとは、何か意味ありげに思うのは私ばかりでしょうか。

第7章 「シナジー」についての9つの言葉

●ベネディクトが定義したシナジー

ビジネスの現場では「シナジー」という言葉が頻繁に用いられています。この本を手に取られている方も、一度ならずこの言葉を使ったことがあるのではないでしょうか。

一般的にシナジーとは「相乗効果」と訳されており、事業や経営資源を適切に組み合わせることで1＋1が2を超える様子を指します。このようにいままでは、経営戦略にシナジーという言葉を用いるケースが多いようです。

マズローの人間性心理学でもシナジーの概念が極めて重要な位置を占めています。次章で述べるユーサイキアやユーサイキアン・マネジメントは、そもそもシナジーの考え方なしに成立しません。シナジーはマズローの心理学にとってそれほど重要な概念です。

しかし、マズローは現代の私たちが用いるような意味でシナジーという語を使用したわけではありません。主に経営戦略で用いられているシナジーとは、まったく異なる意味合いで使用し、人間性心理学の最重要キーワードに据えました。

本章ではマズローの言葉を通じて、マズローが言及したシナジーの正体に迫りたいと思います。まずは次の言葉を引きましょう。

W65　ルース・ベネディクトの定義によれば、シナジーとは、利己主義と利他主義を融合せしめる社会的・組織的な仕組みのことである。

『完全なる経営』Ｐ１８０

マズローのこの言葉は、シナジーの最も簡潔な定義です。その内容について吟味する前に、マズローが「ルース・ベネディクトの定義によれば」と述べている、ベネディクト本人について簡単にふれておきましょう。

ベネディクトは、マズローが自己実現的人間の標本として最初に取り上げた人物で、マズローの恩師にあたります（第2章参照）。

おそらく、多くの日本人にとってルース・ベネディクトは、著作『菊と刀』の著者として有名でしょう。同書は日本人がもつメンタリティについて記したもので、第二次世界大戦が終了して間もない

1946（昭和21）年に出版されました。日本語版は48（昭和23）年に出版され、日本人を知るための基本図書として現代まで読み継がれています。

余談ではありますが、『菊と刀』を読んだことがないという人は、そのタイトルから「菊＝天皇」「刀＝武士」と想像して、天皇制と武士道から日本人を論じた本であろう、と推測するのではないでしょうか。この推測はまったくの的はずれです。

ベネディクトの言う菊とは輪台に咲く手の入れられた菊を指します。この菊は、忠や孝、義理といった輪台の枠に縛られながら、面子を重んじて生きる日本人を象徴しています。これが戦前の日本人の姿だったとベネディクトは言います。

しかし、戦後になるとその輪台もはずれてしまいました。そのため今後は個人が重んじる価値観を通じての自制が必要になります。とはいえ、「身から出た錆」という言葉があるように、日本人は錆が出ぬよう自身を磨き上げ、自己の行為の責任を立派にとるだろう、とベネディクトは指摘しました。つまり日本人自身を磨き上げた刀にたとえ、自己責任を念頭に行為する戦後の日本人を象徴したわけです。

以上は余談でした。話を元に戻しましょう。ベネディクトが『菊と刀』の著者であることを知っている、という人は多いでしょう。しかし、ベネディクトが独自の定義でシナジーという語を用いたことを知っているという人はあまり多くないように思います。そのベネディクト独自のシナジーの定義というのが、W65で示した「利己主義と利他主義を融合せしめる社会的・組織的仕組みのこと」というわけです。

●利己と利他の超越

もっとも、この定義だけではシナジーがもつ意味を即座には把握しきれないのではないでしょうか。そこでシナジーの定義に関する別の言葉を紹介しましょう。

W66　私が〝利己的〟満足を求めたとき、自然に他人を助けることになり、また利他的になろうとした場合、おのずから報酬を得て、自らもまた満足する。換言すれば、利己主義と利他主義との二分法ないし両極的対立が解決され、超越されるように、組織立てられた利己主義と非利己主義を統一する社会構造条件である。

『人間性の最高価値』P166

W67　ここではっきり言えるのは、利己主義と利他主義を互いに相容れない対立概念としてとらえることには何の意味もないということである。両者は一つに溶けあっているのだ。私が取った行動は全面的に利己的でもなければ、全面的に利他的でもない。利己的であると同時に利他的であると言ってても同じことである。より洗練された表現を用いれば、シナジーのある行為なのである。

『完全なる経営』Ｐ１５２

いずれの言葉も、シナジーについてより丁寧に説明したもので、言っていることはW65と変わりません。ただ、ベネディクトが指摘したシナジーの意味が、より具体的に理解できると思います。シナジーとは、人が利己的に行為したとき、それが自然に他の人の利益になり、また人が利他的に行為したとき、それが自然に自分の利益になる社会や組織の仕組みを指す、ということです。この結果、利己主義と利他主義という相反する態度は解消され、両者を超越することになります。このように、ベネディクトが指摘したシナジーは、現在私たちが用いているシナジーの概念と大きく異なることがわかると思います。

しかし、利己的な行為が他人のためになり、利他的な行為が自分のためになるといった状況が本当にあるのでしょうか。また、仮にあったとしても、これが人間性心理学とどのような関連があるのでしょうか。疑問はいろいろあると思いますが、順を追って説明していきましょう。

マズローはとても身近な例を題材にシナジーの具体的な状況を掲げています。W67でマズローは「私が取った行動」と述べていますが、これは次に示すマズローが自分の娘にイチゴを与える行動であり、シナジーのごく身近な例です。

Ｗ68　たとえば、私が自分の幼い娘に私のイチゴを与え、そのことから大きな喜びを感じるとしよう。自分で食べても喜びを味わえることは確かだ。だが、大好物のイチゴをおいしそうに食べる娘の姿を見て楽しみ、喜びを覚えるとすれば、この私の行為は利己的なのだろうか。それとも利他的なのだろうか。私は何かを犠牲にしているだろうか。それとも、愛他的な行動を取っているのか。結局は自分が楽しんでいるのだから、利己的なのだろうか。『完全なる経営』Ｐ１５２

皆さんはどうお考えですか。娘にイチゴを与えるマズローの行為は、利己的な行為なのでしょうか、それとも利他的な行為なのでしょうか。

おそらくそのどちらとも言えるのでしょう。自分が喜びを得たいという利己的な動機からマズローは娘にイチゴを与えます。しかし、そのためにイチゴをもらえる娘は嬉しいわけで、イチゴを与える行為は利他的でもあります。

また、娘を喜ばせたいという利他的な動機からマズローは娘にイチゴを与えるとします。しかし、イチゴを食べる娘の姿を見て、マズロー自身が喜びを感じるわけですから、イチゴを与える行為は利己的でもあります。

このように、マズローがとった行動は、完全に利他的でもなく、完全に利己的でもありません。利己的と利他的が融合し溶けあっています。つまり、利己的な行為が他人のためになり、利他的な行為が自分のためになる、いわば利己的と同時に利他的でもあるわけで、これはシナジーのある行為だと言い換えられます。

このように考えると、最愛の人との愛や性にもシナジーの仕組みが備わっていることがわかります。この点に関してマズローは次のように述べています。

Ｗ69　君の足にマメができたら、僕の足が痛むようなものだったり、貴方の幸せは私の幸せである、等々、の定義がある。従来の愛の定義とは、ざっとこのような同一化の意味をもっていた。だが、これはまた、ハイ・シナジーの概念ともよく一致するもので、そこでは、二人の関係において、一人の利益が、相手の不利益になるより、必ず利益になるように仕組まれているのである。

『人間性の最高価値』Ｐ２４５〜２４６

Ｗ70　相手の幸福が自分の幸福にとって必須の条件となっている状態、それを愛と定義することもできる。シナジーも愛に似ており、愛における同一化と同じものが認められる。

『完全なる経営』Ｐ１５３

第3章のＷ30では、自己実現的人間にとって、「性的悦びというのは最も強烈で恍惚的な完全性のなかに見出される」（『人間性の心理学』Ｐ２８２）というマズローの言葉を紹介しました。そこでは自分の悦びが相手の悦びとなり、相手の悦びが自分の悦びになります。いわば「我‐汝」を超越する状態です。このような状態は、利己的と同時に利他的であるシナジーのある行為と、まさにぴたりと一致します。

●ベネディクトが見たシナジーのある社会

そもそもベネディクトがシナジーという言葉を用いたのは、彼女が文化人類学者だったことが大きく与っています。

ベネディクトは文化人類学者として、インディアンのフィールド調査を行っていました。この調査の過程でベネディクトは奇妙なことに気づきます。それはインディアンの種族によって、人に無愛想で好きになれない種族がある一方で、愛想がよくてつき合っていて気持ちがいい種族があるという違いです。

ベネディクトは、無愛想な種族の文化を不安定な文化、愛想のよい種族の文化を安定した文化と呼びました。彼女はこの文化の違いが何に起因するのかつきとめようとします。

ベネディクトは種族別に地理や気候的条件、種族の大きさ、富、複雑性などを整理して比較してみます。さらに、自殺の有無、一夫多妻主義、母系家族、父系家族、大家族、小家族などの観点でも比較を試みます。しかしベネディクトは、これらの基準から文化の違いを生み出す決定的要因を見つけ出すことはできませんでした。

試行錯誤するなかで、ベネディクトは種族によって異なる行動の背景に、その行動を起こさせる機能があることに気づきます。そして、その機能としてベネディクトが特定したのが、シナジーの有無あるいはシナジーの程度の違いでした。

この点に関して、以下は、『人間性の最高価値』に収録されているマズローの論文「社会および個人におけるシナジー」から引用しましょう。ただし、マズローがベネディクトの原稿から抜粋した文章なので、マズローの言葉としては扱いません。

目立って非攻撃的な社会では、その一員の同じ時の同じ行動が、その人の利益だけでなくその集団全体にも役立つような社会機構を備えているということである。（このような社会において）非攻撃的であるということは、その中に住む人びとが非利己的で、個人的な欲望よりも、社会に対する義務観念が優先するからではなく、社会機構が、この二つの事柄を合致させるからである。

『人間性の最高価値』Ｐ２３７

このように、愛想がよくてつきあっていて気持ちがいい種族には利己的な行為と利他的な行為を一致させる社会機構があることをベネディクトはつきとめました。ベネディクトはこのような社会がもつ文化をハイ・シナジー文化と呼びました。

これに対して無愛想で好きになれない種族がもつ文化はロー・シナジー文化です。ベネディクトはロー・シナジー文化について次のように述べています。

ロー・シナジーの文化での社会機構は、その利害が相互に相反し、衝突するような行為をもたらし、ハイ・シナジー文化では、相互の利益がさらに増すような行為をもたらす社会機構になっているのである。……私が申し上げた高度な社会シナジーのある所では、その制度はその社会の産出するもので相互の利益をもたらすが、低い社会シナジーのある所では、一個人の利益は、他人を打ちのめしたうえ獲得した利益であり、打ち負かされた大半は、我慢して、しのいでいかなければならない憂き目に逢う。

『人間性の最高価値』Ｐ２３７

ロー・シナジーの文化では、互いの利害がぶつかり合います。そのため誰かが利益を積み増せば、誰かの損害が拡大するという社会構造をもちます。

この場合、利益とは、他人を打ち負かして得るものであり、打ち負かされた側は我慢を強いられます。このような社会では人に無愛想になっても当然でしょう。ベネディクトが、ロー・シナジーな文化をもつ種族に溶け込めなかったのもうなずけます。

●マズローが見たブラックフット・インディアン

ベネディクトは、フィールド調査から得たシナジーという考え方を公にしたのは、コロンビア大学の准教授だった１９４１年春、アメリカのブリンマー大学のアンナ・ショー記念講義でのことでした。この時にベネディクトは、文化の健康度を示す言葉としてシナジーを初めて用いました。しかしながら、ベネディクトは１９４８年にこの世を去ったこともあり、提唱したシナジーの概念はそれほど拡散することはありませんでした。

しかも、同講義でのベネディクトの原稿はその後失われてしまい、わずかその一部がマズローの著作『人間性の最高価値』に引用されているだけです。したがって、ベネディクトが提唱したシナジーの考え方は、マズローに受け継がれ、かろうじて現在も命脈を保つことができたと言えます。

もっともマズローがシナジーについて体験したのはベネディクトの原稿を通じてばかりではありません。自身もベネディクトに背を押される格好で、ブラックフット・インディアンをフィールド調査し、ここでハイ・シナジーな社会構造を実体験しています。この経験談はマズローの著作にたびたび登場するので、マズローにとっても非常に印象深いものだったのでしょう。

マズローがベネディクトと出会ったのは、コロンビア大学で研究助手を務めていた１９３０年代半ばのことです。心理学を研究する一方で人類学にも興味をもっていたマズローは、コロンビア大学人類学部の教師や大学院生と馴染みになり、セミナーにも顔を出すようになります。この教師のなかにベネディクトがいました。

マズローにとってベネディクトは格別の存在だったようです。それはマズローが自己実現的人間の標本として取り上げたことからもわかるでしょう。

ベネディクトはマズローに対して、実際にフィールド調査に出て、別の文化にふれるべきだと説きました。そうでないと、文化的な偏りをぬぐい去ることはできない、というのがベネディクトの考えでした。

こうして１９３８年、あまり気乗りはしなかったものの、マズローはカナダのアルバータに住む北方ブラックフット・インディアンのフィールド調査に出かけます。マズローがここで見たのは「贈与式」あるいは「財産放棄の式」とも呼ばれる一風変わった儀式でした。

ブラックフット族では、毎年6月後半に「太陽踊りの儀式」を実施します。ここで行われるのが贈与式でした。この儀式では部族の全員が集まって、部族の金持ち達が1年間働いて蓄積した財を、部族の貧しい者に分け与えます。

その際に金持ちは、自分の１年間の行いを尊大な身振りで語り、いかにも誇らしげに彼の財産を未亡人や孤児に分け与え、やがて彼はほぼ一文無しになってしまいます。そして、最も多く分け与えた者が、部族の富裕者として尊ばれる仕組みになっています。常識では考えられないこの行いにマズローは驚きます。

またマズローは、同じくブラックフット・インディアンの調査で通訳を担当したテディについても言及しています。彼はブラックフット族で唯一自動車を所有している人物でした。

このテディと常時一緒に仕事していたマズローは、彼が自動車を運転する姿を見ることはありませんでした。それというのも、部族の者がやって来て、「テディ、車のキーを貸してくれ」と言われると、彼は気前よく鍵を渡すからです。しかもテディは、部族の仲間に自家用車を無料で貸すばかりか、ガソリン代もテディ持ち、タイヤがパンクしたら彼自身が修理しなければなりません。マズローはこのテディの行いにも驚きます。

●シナジーのある社会、そうでない社会

マズローが体験したこの二つの事例についてシナジーの観点から考えてみましょう。まず、ブラックフット・インディアンの贈与式についてです。

たとえば金持ちが、富裕者という名誉を部族の皆から得たいという利己的な動機から、1年間に蓄財した財産を貧しい人々に分け与えたとします。しかし、分け与えられた側は濡れ手に粟で一財産を得られるわけですから、財産を分け与える行為は利他的でもあります。

また、仮に金持ちが貧しい人々を助けたいという利他的な動機から、1年間に蓄財した財産を分け与えたとします。しかし、部族は財産を分け与えた金持ちを富裕者として尊敬しますから、財産を分け与える行為は利己的でもあります。

このようにブラックフット族の贈与式は、完全に利己的でもなく、完全に利他的でもない、両者が溶けあい両者を超越した、利己的であると同時に利他的な行為、つまりシナジーのある行為だと言えます。

次にテディの場合です。テディが仲間から尊敬を得ようという利己的な動機から自動車を貸していたとします。しかし、自動車を貸してもらった側は助かるわけですから、これは利他的な行為と言えます。

またテディが、困っている仲間を助けたいという利他的な動機から自動車を貸しているとします。しかし、自動車を貸してもらった側はテディを富裕者のような男だと評価しますから、自己満足を得られるという点で利己的でもあります。

テディが自動車を貸す行為は、贈与式ほど儀式ばったものではありません。しかしその背景には贈与式と同じ構造が見られます。つまり、ブラックフット・インディアンの社会では、利己的な行為が人のためになり、利他的な行為が自分のためになるという仕組みが備わっているわけです。

この点に関するマズローの見解を紹介しましょう。

W71 社会機構が、利己と利他の両極を超越させるような仕組みのある社会はハイ・シナジーをもっているといえる。そこに住む人は利己的であっても、それがかえって他人の利益になり、逆にまた、他人の福祉を願う行動をとることが自己の利益となって帰ってくるようになっている。つまり、ハイ・シナジーのある社会では、徳がものをいうのである。

『人間性の最高価値』P237

このように、シナジーのある社会では、人は無理して博愛的になる必要はありません。自分の我が儘が社会の利益につながる社会です。自分の思うように行動すればいいのです。そのためシナジーのある社会では、他人の利己主義を認める社会でもあります。というのも、他人の利己的動機が社会の利益として還元されるからです。

同じくシナジーについてマズローが述べた次の言葉も要注目です。

W72　シナジーの備わった社会制度の下では、利己的な目的を追求することが必然的に他人を助けることにつながり、また愛他的・利他的で他人を助けようとする行動が、自ずと、そして必然的に自分自身にも利益をもたらすということである。これは利己主義と利他主義との二分法が解消されるということであり、利己主義と利他主義との対立や相互排他状態が見られる文化はいまだ成熟しきっていないということである。

『完全なる経営』Ｐ１５１

要するにシナジーは文化の成熟度を表す指標になるということです。ハイ・シナジーな文化は成熟度が高く、ロー・シナジーな文化は成熟度が低い、とマズローは言うわけです。

●シナジーとＢ価値の関係

以上、ベネディクトやマズローが述べたシナジーについて説明してきました。しかしながら、このシナジーの考え方が人間性心理学にとってなぜ重要なのか、その点はまだ謎のままです。

ここで注目すべきは、シナジーが、自己実現的人間の重視するＢ価値と、深い関係にあるということです。どうやら、Ｂ価値の追求は、ハイ・シナジーの追求と融合し、やがて同一のものになるようなのです。マズローがシナジーに注目したのもこの点にあったようです。

そこで、再び自己実現的人間が重視するB価値を列挙してみましょう。

①全体性、②完全性、③完成、④正義、⑤躍動、⑥富裕、⑦単純、⑧美、⑨善、⑩独自性、⑪無礙、⑫遊興、⑬真実、正直、現実、⑭自己充足

これらは人間にとって究極的かつ普遍的な価値でした。つまり、あらゆる人間が価値を認める対象です。正義は万人が認める価値、善き行いも万人が認める価値というわけです。

それではここに、美を徹底的に追求する一人の芸術家がいるとしましょう。この芸術家が重視するのは最上の美であり、彼はこのB価値を実現するために作品を作り続けます。

この芸術家にとって美の追求は利己的な動機と言えるでしょう。しかしながら、彼が創造した作品が多くの人々に感動を与えるとすれば、それは利他的な行為でもあります。

また、この芸術家が多くの人々に感動を与えたいという利他的な動機から、美を追求しているとします。しかし、人々がその作品の素晴らしさから彼を大絶賛し、大金を投じて作品を購入すれば、その芸術家のためにもなるでしょう。

同様のことは正義の追求や完全性の追求など、B価値全般の追求に言えます。こうして、利己的な動機から発するB価値の追求は、やがて社会の利益として還元されます。つまり自己実現的人間がB価値を追求すること自体が、シナジーを生み出し、シナジーを追求することと同義になるわけです。こうして個人が欲求するものと社会の欲求するものが一致します。

この点に関してマズローは面白いことを言っています。

W73　私が論じてきた新しい動きより生じたものの一つに、個人の欲求と社会および文明の欲求は、必然的、本質的、かつ動かしがたい対立関係にある、とするフロイトの論理の、全面的かつ経験的な否定（宗教にかこつけたものでも、独断的なものでも、アプリオリなものでも、希望的なものでない）である。フロイトのこの論理は、事実正しくないのである。われわれは現在、個人の欲求が社会の欲求と対立するどころか融合し、両者が同じ目的に向かって働くような環境作りについて、何某かのことを知っている。これは実際、経験にもとづく主張なのである。

『人間性の最高価値』P206

フロイトによれば、人間がもつ本能であるイドすなわち無意識は悪でした。そのため人間はイドを抑制するための社会的規範を作り出しました。社会的規範はイドを抑圧するため、ここに葛藤が生じます。特にフロイトは精神的な病の源として性的抑圧を位置づけました。

このようにフロイトの理論では個人の欲求と社会の欲求は相容れません。いわば個人の欲求を抑圧するために社会が存在するようなものです。

しかしながらマズローが言うように、シナジーのある社会を前提にすると、個人の欲求、なかでも自己実現的人間の欲求は、社会の欲求と対立するどころか融合します。個人の利己的動機が社会に利益をもたらします。この場合、本能的な欲求（自己実現の欲求も人間が普遍的にもつ本能的なものにほかなりません）が、すべて悪とは限らなくなり、フロイトの主張は誤りだったことになります。

前にもふれましたが、無意識には不健康な無意識と健康的な無意識があります。そして、より健康を増進できるのであるならば、無意識にしたがうことは決して悪いことではありません。むしろ積極的に欲求を満たすよう活動すべきなのです。

こうしてマズローは、シナジーを基礎にした組織づくりや社会づくりに大きな興味を抱くようになります。次章以下では、引き続きそれらの点について見ていきたいと思います。

第8章 「ユーサイキアン・マネジメント」についての10の言葉

●マズローの造語「ユーサイキア」

人間には現実存在としての人間と可能的存在としての人間がありました（第４章参照）。現実存在としての人間とは、いまここにある私という人間です。これに対して可能的人間は、内に秘めた潜在的能力を最大限に開花させた人間です。自己実現に達した人間であり、理想的人間と言い換えてもいいでしょう。

現実人間と可能的人間すなわち理想的人間の間にはギャップがあります。このギャップは、次々と生じる人生の選択において、退行ではなく進歩の選択をすることで、徐々に埋めていくことができるものでした。

この点に関するマズローの別の言葉を紹介しましょう。

W74　人間はどれほど背が高くなるものかという問題に解答を得ようとすれば、すでに最も背の高い人をとり挙げ、研究することがよいのはいうまでもない。（中略）もしも、人間の精神的成長、価値的成長、道徳的発達の可能性を知ろうとすれば、最も道徳的、倫理的な聖人を学べばよいと私はいいいたい。

『人間性の最高価値』P7

同じことは、企業や社会についても言えるのではないでしょうか。現実存在としての企業や社会がある一方で、可能的存在としての企業や社会があるはずです。

そうなると、可能的存在を前提に、現実存在としての企業や社会を見つめ直せば、そこに横たわるギャップが見えてくるでしょう。このギャップを埋める作業とは、つまり理想の企業や社会を目指すことにほかなりません。

マズローはこの理想像としてユーサイキアを想定しました。あまり聞き慣れない言葉ですがそれもそのはずです。それというのも、この語はマズローの造語だからです。

このユーサイキアもマズローの人間性心理学を理解するうえできわめて重要なキーワードになっています。本章ではマズローの言葉を引きながら、ユーサイキアの意味や人間性心理学における位置づけについて明らかにしたいと思います。

まずは、マズローによるユーサイキアの定義から始めましょう。

Ｗ75　近年私の楽しみは、すべての人が心理的に健康であるような心理学的なユートピアの推論的な記述を少しずつまとめることである。それを「ユーサイキア」と私は呼んでいる。健康な人々について知っていることから、もし１０００戸の健全な家族が、彼らの好きなように自分の運命を開拓できるようなどこかさびれた土地に移住し、そして発展させたある種の文化を予言しうるであろうか？　彼らはどのような教育を選ぶのであろうか？　経済体制は？　性別は？　宗教は？

『人間性の心理学』Ｐ４２７

Ｗ76　私はユーサイキア（Eupsychia）という言葉を考案し、これを、１０００人の自己実現者が外部からいっさい干渉を受けない島に暮らした場合に生まれる文化と定義した。

『完全なる経営』収録「第一版への序文」Ｐ44

ユーサイキアという語は、ギリシア語の「eu ＝良い」「psyche＝心、魂」「ia ＝場所、祭典」を組み合わせたものです（『完全なる経営』Ｐ44）。ユーサイキアは、人類が理想とする社会すなわちユートピアであり、１０００人の自己実現的人間が外部からの干渉のいっさいない島に暮らした場合に生まれる文化あるいは社会を指しています。

ユーサイキアという造語が初めて出てくるのは、著作『人間性の心理学』収録の論文「正常、健康、価値」でのことです。もっとも、ユーサイキアに関するマズローの思索が深まるのはさらにあとのことで、著作『完全なる経営』、厳密には著作『自己実現の経営』でのことです。このあたりは少々紛らわしいので説明が必要でしょう。

本書の「はじめに」で記したように、マズローによる人間性心理学関連の書籍は全部で7冊あります。再度これを年代順で示すと、『人間性の心理学』（1954年）、『完全なる人間』（1962年）、『創造的人間』（1964年）、『自己実現の経営』（1965年）、『可能性の心理学』（1966年）、『人間性の最高価値』（1971年）、『マズローの人間論』（1996年）となります。1971年以後の2冊はマズローの死後に出版されたもので、人間性心理学にかかわる生前の著作は5冊になります。

ところで、この7冊のタイトルを見ると、本書で繰り返して引用している『完全なる経営』が見あたりません。実はこれには理由があって、こちらの『完全なる経営』は、絶版になっていた『自己実現の経営』に、マズローと関わりの深い人々のインタビューや編集者によるコラムを増補して、1998年に出版されたものだからです。

1965年に出版された『自己実現の経営』の原タイトルは『ユーサイキアン・マネジメント』となっています。タイトルにもユーサイキアが用いられていることから、マズローのユーサイキア論を知るうえで欠かせない書と言えます。

ただ、原タイトルに「マネジメン＝経営管理」とあり、また翻訳版にも「経営」とあるのに、ちょっと違和感をもつ人もいると思います。なぜ、心理学者であるマズローが企業経営に興味をもち、マネジメントに関する書籍を執筆したのか、というように。この理由について知るには『自己実現の経営』が成立した経緯について見る必要があります。

●マズローがユーサイキアに踏み込む背景

1962年夏のことです。マズローはノンリニア・システムズ社の社長アンドリュー・ケイの招きで、カリフォルニア州デルマー市にある同社の工場に、客員研究員のような形で滞在しました。同社は、ケイの開発したデジタル電圧計の製造で大きな成功を収めていた企業です。

ケイは進歩的な経営管理手法を積極的に導入する経営者で、ピーター・ドラッカーの著作『現代の経営』やダグラス・マグレガーの著作『企業の人間的側面』、それにマズローの『人間性の心理学』などをヒントに、経営や工場での作業の改善を行っていました。

ケイはマズローの著作に強くひかれ、工場を実地見学してもらい、忌憚のない感想を述べてもらいたいと考えました。こうして、1962年夏、マズローは同社を訪問することになったわけです。

当時のノンリニア・システムズ社では、工場の肝とも言える組み立てラインの運営が大きな課題になっていました。流れ作業による組み立てラインでは、担当する作業パートによって従業員の満足度に大きな差があったからです。

ラインの最後を担当する従業員は完成品を目にできますから、作業に対する高い満足度をもっていました。しかし、ラインの最初を担当する従業員は例外なく不満をもっていました。自分たちの作業が製品にどう反映されているのかが不明瞭だったからです。

そこでケイは、どの従業員もラインの最後にいるような満足度を得られるよう、ラインの改善に取り組みました。

採用されたのは、全従業員が作業のあらゆる工程を習得するというものでした。これにより、全従業員がどのような作業にも対応できるようになるとともに、仮にラインの初めの作業でも全体の中で自分が果たす役割が理解できるため、満足度の低下を抑えることができました。

ノンリニア・システムズ社の工場でマズローが目にしたのは、生き生きと働く従業員の姿です。この姿はマズローにとって極めて印象的だったようです。また、マズローはこの機会に、ノンリニア・システムズ社がテキストにしていたマグレガーやドラッカーの著作を熟読しています。

こうしてマズローは、同社での経験を口述して文書にします。さらにその文書を書籍にしたものが『ユーサイキアン・マネジメント——自己実現の経営』にほかなりません。

●ユーサイキアン・マネジメントの実践へ

以上のような経緯で、心理学者マズローが経営学に足を踏み入れます。マズローにとって企業経営は門外漢でした。ただし、１９４０年代後半に体調を崩したマズローは大学の教壇に立てなくなり、一時的に兄弟が経営するマズロー樽会社のマネジャー職に就いたことはあります。とはいえ、やはり経営は素人の域を出ませんでした。

しかし、それでもマズローは、門外漢の経営学に関わる著作を出版するにあたり、胸を張ってこう言いのけています。

W77　ここに収められたノートは、まず何よりも、新たな学問分野に初めて接し、それらが自分の専門分野にとってきわめて重要であること（そして、その逆も）を認識した理論心理学者が、その第一印象を書きつづったもの、と理解していただきたい。私のこれまでの経験から言っても、専門家が見過ごしているものを駆け出しの人間が見いだすということが、しばしばある。過ちを犯すことや、経験不足と見られることを怖れない気構え。必要なのはそれだけだ。

『完全なる経営』収録「第一版への序文」P43

マズローはここで、「専門家が見過ごしているものを駆け出しの人間が見いだすということが、しばしばある」と述べています。実際、『自己実現の経営』でマズローはドラッカー批判を展開し、さらに独自の企業論を開陳しています。

その骨子となるのが、ユーサイキアの実現にシナジーは欠かせないものであり、また、企業はユーサイキアを実現するうえでとても重要な役割を果たす、という主張でした。

冒頭で述べたようにマズローは、ユーサイキアを「1000人の自己実現者が外部からいっさい干渉を受けない島に暮らした場合に生まれる文化」として定義しました。仮にこれが実現した場合、いったいどのような社会や文化が誕生するのでしょうか。マズローが提起するこの問題は次のように言い換えられるでしょう。

W78　人間の本性はどれほどいい社会を築きうるのか、社会はどれほどいい人間性をもたらしうるのか、社会の本性はどれほどいい社会を実現しうるのか、ということである。

『完全なる経営』収録「第一版への序文」P44

一方で、一足飛びに社会まで飛躍せず、右の言葉の「社会」を「組織」あるいは「企業」に置き換えて見るとどうでしょう。組織も企業も人間が作った人工物であり、その点で社会と変わりません。

ある意味で社会の特殊な縮図が組織や企業とも言えるでしょう。
つまり、100人の自己実現者が企業を作ったとき、彼らはいったどのような企業を創造したのか、その企業はどのようにあるべきなのか。この問題意識が著作『ユーサイキアン・マネジメント――自己実現の経営＝完全なる経営』の背景に連綿と息づいていると言えます。

●シナジーのある組織を目指す

それではマズローは、ノンリニア・システムズ社での経験を通じて、どのような理想的企業を想定したのでしょうか。マズローの次の言葉を引きましょう。

W79　優秀な人材がきちんとした組織に加われば、まず仕事が個人を成長させ、次に個人の成長が企業に繁栄をもたらし、さらに企業の繁栄が内部の人間を成長させるのだ。このように、仕事生活、すなわち生活のために収入を得る手段を正しく管理すれば、そこで働く人間は成長し、世界はより良いものとなる。その意味で、この仕事生活の正しい管理はユートピア的、あるいは革命的なものと言えるだろう。
『完全なる経営』P2

このマズローの言葉は、『完全なる経営（自己実現の経営）』の本文のほぼ冒頭に出てくる言葉です。マズローの言葉をじっくりと吟味しましょう。

右の言葉では、「優秀な人材」が存在すること、そして「きちんとした組織」があること、これらの点が前提になっている点にまず注意すべきです。さらに、そうした優秀な人材が、きちんとした組織に入ったとき、興味深い現象が生じるとマズローは言います。

それは、仕事が個人を成長させ、個人の成長が企業に繁栄もたらすということです。さらに企業が繁栄すると仕事の質も高まるでしょう。その結果、個人の成長をさらに促せます。

この状況に何か思い当たる節はありませんか？

右の言葉のなかで、マズローはシナジーという言葉を用いていません。しかしこの「きちんとした組織」にはシナジーの仕組みが組み込まれていると考えるのが妥当です。

マズローの次の言葉に耳を傾けてみてください。

W80　私は、あえて申しあげる。今後、いかなるユートピアの建設も、聡明な人たちが、シナジー概念を十分に取り入れない限り、成し得るものではない。私のみたところ、いかなるユートピアもユーサイキアも（この名前の方が、はるかによいと思う）、その一つの基礎として、ハイ・シナジー制度をもたなければならないと思われるのである。

『人間性の最高価値』Ｐ２４５

つまり、企業を一個のユーサイキアと考え、経営管理を行う場合（これがユーサイキアン・マネジメントにほかなりません）、シナジーの概念が十分に取り入れられていなければならない、とマズローは主張しているわけです。

たとえば、個人が収入のためという利己的な動機から仕事をしているとします。しかしこの企業での仕事が人間を成長させ、個人の成長が企業に繁栄をもたらすとすると、個人の利己的な動機による仕事は企業のため、つまり利他的となります。

逆に個人が企業のためという利他的な観点から仕事をしているとします。しかしながら、この企業では仕事が人を成長させ、しかも賃金が支払われるのですから、個人のためにもなります。つまり利他的であると同時に利己的でもあるわけです。

このように、シナジーの仕組みが企業に組み込まれていれば、そこに属する個人は成長し、会社も繁栄するという、まさに願ってもない状況に至れるわけです。

マズローは次のようにも述べています。

W81　一人の利益が全体の利益となる、進歩的な経済活動のためには、このようなシナジーの仕組みを整えることが第一条件となる。ゼネラル・モーターズにとっての利益はアメリカにとっ

ての利益であり、アメリカにとっての利益は全世界にとっても利益である。さらに、ある個人にとっての利益は他者にとっても利益である、と言う具合に。『完全なる経営』P36

とはいえ、企業がシナジーの仕組みをもつということは、言うのは簡単でも、実現するのはそれほど単純ではないでしょう。どうすれば企業はシナジーの仕組みをもてるのか、次にこの点について考えてみましょう。

●組織にシナジーをビルトインする

マズローは、組織が全体論を基礎に成立しているほどシナジーが生じやすい、と主張します。全体論とは、全体を構成する部分よりも全体の優越性を説き、全体は部分の単なる算術的和ではないとする立場です。ただし、個を捨てて組織という全体に尽くせ、とマズローが主張しているわけではありません。少し長くなりますが、マズローの言葉に耳を傾けてみましょう。

W82　シナジーは全体論的である。そして、より全体論的であれば、よりシナジーが生まれやすい。組織における活動が全体論的であれば、言い換えると、メンバーの相互依存性が高く、コミュニケーションが円滑に行われていれば、メンバー相互の信頼関係は強くなり――たとえば、バスケットボール・チームのように――あらゆることがシナジーにつながる。自分が主役でなければ気がすまないメンバーばかりのバスケットボール・チームを考えてみよう。メンバーは五人とも自分自身の利益を追い求め、成績や得点に関して、自分の利益は他のメンバーの利益と両立しないものと見なしている。これとは対照的に、本当の意味で［チームらしい］チームでは、チームの利益がメンバーの利益に優先しているのである。いや、このような言い方すら適切ではない。なぜなら、本当にチームらしいチームであれば、チームの利益とメンバーの利益との違いはなくなるからだ。チームの利益はメンバーの利益となり、もはや区別がつかなくなる。

『完全なる経営』Ｐ１７２

マズローは右の言葉の前半で、組織における活動が全体論的であるほどシナジーが働きやすいと言います。そのたとえとしてバスケットボールのチームを挙げます。ただし、バスケットボールのたとえから、組織における活動が、徹底した全体論的ではないことがわかります。どういうことか説明しましょう。

マズローは、チームらしいチームでは、チームの利益が個人の利益に優先すると述べます。この態度は全体論的立場と言ってよいでしょう。しかしながらマズローは、このような言い方は適切でないと表現を変更します。

本当にチームらしいチームとは、チームの利益がメンバーの利益となり、両者に違いや区別がなくなる状態です。自分のために行った行為がチームのためになり、チームのために行った行為が自分の利益として返ってくる状態です。この状態は明らかにシナジーのある状態と言えます。

シナジーのある状態は、バスケットボールなどのスポーツでは、比較的作り出しやすいと思います。というのも、個人もチームも勝利という同じ目標を共有しているからです。同じ目標に向かって活動しますから、勝ちを目指す個人の利己的な行為は、チームの勝利に結びつくため利他的な行為となります。また、チームを勝利に導かせる利他的な行為は、メンバー個々人の勝利という利己的な目標に結びつきます。

それでは以上を念頭に、スポーツチームを企業に置き換えて考えてみましょう。スポーツチームの場合、メンバーとチームが共有する勝利という目標があるためシナジーを生み出せました。では、企業の場合、所属するメンバーと共有する目標とは何でしょう。売上でしょうか。市場シェアでしょうか。業界トップでしょうか。

いずれも企業の目標になり得るでしょう。しかし、所属するメンバーを心底惹きつける目標としては弱いようです。特に所属するメンバーが自己実現的人間だとしたら、これらで彼らの心をつかむのは難しいと言わざるを得ません。

●B価値を追求する企業

シナジーの組込みを前提とした企業とメンバーが共有する目標の設定――。どうやら、ここでも重要になるのがB価値のようです。

繰り返しになりますが、B価値は人間にとって究極的かつ普遍的な価値でした。自己実現的人間はB価値のいずれかに価値を見出し、その実現に向けて切磋琢磨します。そうしたB価値を実現する手段が仕事でした。

以上の点については2章ですでに述べています。この考え方を真とするならば、次のように問うことができるでしょう。つまり、企業はB価値を実現する手段としての仕事を人に与えることができるのか、と。

この問いに対する答えは、おそらく「できる」でしょう。ただし「できる」ようにするならば、企業自体が何らかのB価値に価値を認めることが必要です。通常、この重視する価値の表明は企業理念や企業の存在理由、あるいは企業の使命として表現されるものです。

企業はこのB価値を念頭に置き、B価値を追求する事業を展開すべきです。事業とは平たく言えば仕事のことです。

そして、企業が追求する価値と、所属するメンバーが追求する価値が同じになったとき、先のバスケットボール・チームのような現象が起こるはずです。それというのも、企業と所属するメンバーが追求する価値すなわち目標が同じだからです。

たとえば、社員が自分の重視する価値を実現したいという利己的な動機から仕事をしたとしましょう。しかしながら、この社員が仕事を通じて価値を実現すれば、企業も同じ価値を共有していますから、それは企業にとっても利益になります。そのため社員の行為は利他的行為とも言えます。

また、この社員が企業のためという利他的な動機から仕事をしたとしましょう。しかしながら、企業のためにする仕事は自身が重視する価値の実現と直結しますから、そのため社員の行為は利己的行為とも言えます。

このように企業が目指す価値の実現と、社員が目指す価値の実現が共有されたとき、シナジーのある状況を作り出せます。その際に目指すべき価値は企業によってさまざまかもしれません。しかし究極的かつ普遍的な価値はやはりB価値です。

とはいえ、企業には利益も不可欠です。B価値の実現を目指しつつ利益も得ることは可能なのでしょうか。

答えは「可能である」でしょう。現に社会起業家が存在するように、それは決して不可能ではありません。そもそもB価値は、人類共通という意味で万人が納得する価値です。この価値を実現するということは万人のためになるわけであり、その対価としての金銭の報酬は十分に考えられます。

マズローはこう言います。

W83 広い視野ではるか先まで見据え、価値を重視し、ユートピアを目指す勇気をもった経営者や組織論の専門家には、ほとんど出会ったことがない。

『完全なる経営』Ｐ73

利益を最優先する企業がＢ価値を追求するなど理想論もはなはだしい、と思う人もいるに違いありません。確かにこれは理想かもしれませんし、実現は困難かもしれません。しかし、高邁な理想であったとしても、それを目指すことはできます。

この態度はマズローの右の言葉に通じるものだと思います。

第9章「Z理論」についての12の言葉

●X理論とY理論

マズローの提唱したユーサイキアン・マネジメントでは、企業にシナジーの仕組みを取り入れることが最重要の課題となります。ただし、事はそれで終わりというわけではありません。さらに、その仕組みの上で働く人々を管理していかなければなりません。

マズローは、ノンリニア・システムズ社に滞在中に、ピーター・ドラッカーやダグラス・マグレガーの著作にふれ、この問題について思索を深めています。そのうえで、ドラッカーがもつ経営論の問題点を指摘するばかりか、Z理論というマズローならではの経営論を提唱するに至ります。

Z理論もマズローの心理学を語るうえでとても重要なキーワードになります。本章では、マズローの言葉を引きながら、マズローが展開したZ理論について解説することにしましょう。

マズローが提唱したZ理論とは、大きなくくりで言うと人間観の一種であり、その人間観の下で人を管理することから、経営論の一種ともなります。

このZ理論に先立ってX理論とY理論という経営論が存在しました。マズローはこの両理論に続くものとしてZ理論を想定しています（だからX、Yに続くZ理論というわけです）。よってZ理論を理解するには、まずX理論とY理論の理解が欠かせません。

X理論とY理論は心理学者ダグラス・マグレガーが、1960年に出版した著作『企業の人間的側面』で主張した経営論です。この著作でマグレガーは、現在の経営ではX理論とY理論のいずれかに基づいた人間観で従業員を管理していると主張しました。

X理論の人間観とは、人は生まれつき仕事が嫌いで、命令や強制をしない限り、企業目標の達成に十分な働きをしない、というものです。また、普通の人は命令をされるのが好きで、責任を回避し、何よりも安全を望んでいるとも考えます。

これに対してY理論の人間観は、仕事で心身を使うのは人間の本性だと考えます。そのうえで、人は自ら設定した目標に身をゆだね、自らをむち打って働くのは、何よりも報酬次第だと考えます。また、人は条件により責任を積極的にとり、問題に対して創意工夫を凝らすのはたいていの人に備わっているとも考えます。

マグレガーはX理論とY理論の特徴を記したうえで、現代の経営によりふさわしいのはY理論による人間観だと結論づけます。その根拠としてマグレガーが用いたのがマズローの欲求階層論だったのです。

マグレガーによると、現代の労働者は、生理的欲求や安全の欲求は比較的満たされているため、もっと高次の欲求を満たすような動機づけが欠かせません。そのためには、Ｙ理論で示した人間観を基礎にした動機づけを行うことが、企業の生産性を高めるのに役立つ、とマグレガーは主張しました。

●Ｙ理論批判、ドラッカー批判

マズローは著作『自己実現の経営（完全なる経営）』において、マグレガーのＸ理論とＹ理論について言及したうえで、次のように評しています。

W84 Ｙ理論的経営管理哲学が確実に正しいと言いうるためには、いまだ根拠が不十分だ。しかし、Ｘ理論に確固たる基盤を与える証拠は、それ以上に少ないのである。

『完全なる経営』Ｐ１０７

そもそもＹ理論はマズローの研究をその背景にもちますが、マズローは自分自身の研究を経営に応用するのはまだまだ不確実性が多いと考えました。動機づけに関するマズローの研究は、神経症患者を対象にしたものです。この神経症の研究を工場労働者の研究に適用する妥当性が十分にあるのかと、マズローは疑問を呈しています。だから、「根拠が不十分だ」と指摘しているわけです。

とはいえ、マズローがマグレガーの主張を全面的に否定したわけではありません。それは、X理論とY理論を前提に、Z理論を打ち立てていることからも明らかです。

マズローは、また、Y理論の人間観とドラッカーが著作『現代の経営』で述べている考えとが、互いに共鳴し、いずれも人間に全幅の信頼を寄せる傾向があることを見て取りました。しかしながらマズローは、この点にも疑問を呈しています。

W85　ここで問題となるのは、欲求が満たされていない人間に対して、いかなる経営管理原則が有効かということである。安全欲求のレベルに固着している人間、たえず不安を感じ、破局――たとえば解雇――の訪れを怖れている人間に対しては、どのような原則を当てはめるべきだろう。互いに一体感をもてない人びと、互いに疑いあい嫌悪しあっている人びと――フランス、ドイツ、イタリアなどにおける階級の異なる人びとの間には、少なくともアメリカよりはそのような関係が見られるだろう――は、どう管理すればよいのか。

『完全なる経営』P29

W86 ここまで、ドラッカーに対する二つの批判を一まとめにして述べてきた。一つめは、ドラッカーの管理原則が効果を上げるためには、適用すべき人間を正しく選別する必要があるのだが、彼はその点をないがしろにしているという批判である。もう一つの批判は、世の中には邪悪な人間、病的な人間、たちの悪い人間がいるという事実を彼が見逃しているというものである。

『完全なる経営』P66

マズローの言うように、企業に勤める人の欲求は千差万別です。それぞれの動機づけのレベルに応じて、異なる経営管理原則を適用する必要があります。欲求階層論を基礎にして、従業員の欲求を理解し、経営管理原則をあてはめていくことも一つの途でしょう。

しかしながら、Y理論やドラッカーの経営管理原則は、あまりに一般化されていて、これを多様な動機づけのレベルにある人々に、一括して適用するのには無理がある、とマズローは主張するわけです。

また、Y理論やドラッカーの経営管理原則が、邪悪な人間を無視している点についても、マズローは注意を喚起しています。こうした人たちにも、Y理論やドラッカーの経営管理原則を適用するのは難しいというのがマズローの立場です。

●自己実現的人間に対する経営管理

このように、マズローが考える経営管理では、欲求階層論を基礎に据えることが基本的な方針になります。ただし、欲求階層論自体がまだ不確実であることを知っているマズローは、この点においてかなり慎重で、経営管理に自分の理論を用いるべきだ、とあからさまに主張しているわけではありません。この点は要注意です。

ここでは右の点を念頭に置きつつ、あえて欲求階層論を基礎に据えた経営管理原則を検討してみましょう。

そうすると、先に見た基本的な欲求が満たされていない人々に対して、いかなる経営管理原則が有効なのかという問題と同時に、基本的欲求は満足され自己実現の欲求を基礎に生きる人をどう管理すればいいのかという新たな問題が生じてくることに気づきます。

この点に関するドラッカーの言葉を引きましょう。

W87 「単に健康な」自己実現者に関しては、全般的にいって、マグレーガーのY理論の予想に合致しているといってさしつかえないと思う。しかし、自己実現を超越した人びとに関しては、理論Yにあてはまるばかりか、Y理論を超越し、しのいでいるといわなければならない。このような人びとは、便宜上、私が理論Zと呼んでいる次元に生きている。理論Zと呼んだのは、理論Xや理論Yと同一の連続線上にありながら、それでいてそれらと一つの階層組織を形づくっているからである。

『人間性の最高価値』P335

自己実現的人間には、超越的でない自己実現者と超越的な自己実現者の2種類があったことを思い出してください。「単に健康な」自己実現者とは超越的でない自己実現者を指していると考えてよいでしょう。超越的でない自己実現者についてはY理論を適用した経営管理でおおむね問題がないとマズローは言います。

一方、自己実現を超越した人々とは、超越的な自己実現者ととらえて問題ないでしょう。この超越的な自己実現者においては、Y理論でも管理しきれないというのがマズローの見解です。彼らを管理するにはX理論でもY理論でもない、両理論の連続線上にあるZ理論を編み出す必要がある、とマズロー言います。

ここで注意したいのは、X理論もY理論も人間観であり、この人間観に基づいて経営管理を実行するものだということです。同様にマズローのZ理論も人間観であり、この人間観とは言い換えると超越的な自己実現者の特徴を示すのにほかなりません。そのうえで、列挙した超越的な自己実現者の特徴すなわち人間観にしたがって、経営管理を実践せよ、というのがZ理論の基本的な考え方にほかなりません。

マズローは『人間性の最高価値』収録の論文「Z理論」において、超越的な自己実現者について、得意の現象学的方法を用いて24項目にものぼる特徴を列挙しています。ここでは本書の論を進めるうえで最重要となる項目を掲げましょう。

W88　彼らは、意識的に、高次欲求に動機づけられるところが大きい。すなわち、存在の価値、あるいは存在それ自体が事実と価値の双方として認識され、たとえば、完全性、真、美、善、統合、二分法の超越、B快楽などが、彼らの重要な動機になっている。『人間性の最高価値』P337

前章でふれたユーサイキアとは1000人の自己実現的人間が外部から干渉を受けない島で暮らした場合に生まれる文化のことでした。マズローが言う1000人の自己実現的人間とは、厳密に言うと超越的な自己実現者と表現すべきでしょう。

同様に、100人の超越的な自己実現者が企業を起こすことも想定できるでしょう。この場合、企業は超越的な自己実現者が追求する価値を実現するための手段となります。つまり、企業自体の目標がB価値の追求になるはずです。これは前章の最後にふれたB価値を追求する企業の態度にほかなりません。

以上のように考えると、超越的な自己実現者に対して、企業はＢ価値を追求する確固たる意思表示をすることが欠かせなくなります。この点は、超越的な自己実現者を経営管理するうえで最重要のポイントであり、Ｚ理論の基礎となる考え方になります。

●自己実現的人間と高次の報酬

超越的な自己実現者が、企業が追求するＢ価値（企業理念、存在理由、あるいは使命と呼んでも構いません）に共鳴し、メンバーに加わったとしたら、彼らはパートナーのように振る舞うことになるでしょう。マズローの言葉を引きましょう。

Ｗ89　進歩的な経営管理や人間主義的な監督に関するあらゆる実験は、「前に述べたような友愛的な状況の下では、企業に関わる全員が単なる従業員ではなく共同経営者（パートナー）になる」という観点から理解することができるのである。社員は共同経営者のように考え、共同経営者のようにふるまう。そして、企業に関わるあらゆる責任を担うようになる。緊急時ともなれば、どんな役割でも、自主的・自発的に担おうとするのである。パートナーシップとシナジーとは同じことなのだ。

『完全なる経営』Ｐ１２４

このような現象が起こるのは、超越的な自己実現者が追求する価値と、企業が追求する価値とが一致しているからです。超越的な自己実現者の利己的な価値追求は企業のためになり、また企業への貢献を前提にした利他的な価値追求は自分のためになります。こうしてシナジーのある状況が形成されます。

それから、超越的な自己実現者の経営管理では、報酬の面でも面白い現象が生じるようです。マズローの言葉に注目してください。

W90 「報酬のレベルと種類」の問題に、注意を喚起したいと思う。決定的に重要なのは、金銭以外に多くの種類の報酬があり、人格の豊かさや成熟度が増すにつれて、金銭自体の重要性は徐々に後退し、高次の形をとった報酬が、徐々に重要性を増してくる、という事実である。

『人間性の最高価値』P345

超越的な自己実現者はB価値を重視するのとあいまって、金銭の重要性が後退する、というのがマズローの見立てです。

確かに超越的自己実現者では、基本的欲求は満たされています。彼らが欲するのはB価値の実現です。それは金銭で購うのが困難なものです。その結果、金銭欲は漸次低下するものと考えられます。

そのうえでマズローはこう言います。

W91 彼らに支払う金銭の報酬を他の人びとよりも多くしないで少なくし、「高次の報酬」のかたちで支払うことである。これまでに並べてきた原理から（参考文献八三 筆者注『完全なる経営』を指す）このことが、自己実現者と心理的発達の遅れている人びとの双方を満足させ、人間の歴史を通じて見られる、排他的、敵対的な階級ないしカースト間の闘争の発展に終止符を打つであろうことが導き出される。

『人間性の最高価値』P346

金銭欲の低い超越的な自己実現者には、他の人よりも金銭による報酬を低くせよ、とマズローは言うのです。これだと仮に超越的な自己実現者が、会社の高い地位にあったとしても、金銭的報酬の少ない底辺の人から嫉視されることもなくなるでしょう。この超越的な自己実現者がもつ特徴はリーダーとしての要件も備えています。

●BリーダーとBフォロワー

W92 リーダーとして最もふさわしい人間とは、問題解決や職務遂行に最適な人間、すなわち、その状況における客観的要件をだれよりも鋭く見抜き、それ故にまったく利他的であるような人間である。

『完全なる経営』P214

W93 職場におけるBリーダーとは、最もよく仕事を遂行しうる者、あるいは自ら遂行しないまでも、最善の結果が出るよう助力を与えうる者と定義することができる。一般的なリーダーの定義、すなわち、他人に影響を及ぼしうる者、他人を統制しうる者、他人を意のままに操ることのできる者等々の中にBリーダーの定義としてふさわしいものは見あたらない。

『完全なる経営』P218

何度も繰り返すように、超越的な自己実現者はB価値に重きを置きます。重要なのはB価値の実現であり、彼らは名誉欲や支配欲から縁遠い存在です。また、B価値は人類にとって普遍的な価値です。そのため、仮に超越的な自己実現者が利己的な動機からB価値の実現を目指したとしても、それはやがて人類の利益として還元されることになります。

このようなことから、問題解決や職務遂行に最適な能力をもっている超越的な自己実現者とそうでない人がいた場合、リーダーにふさわしいのは明らかに前者です。マズローはこのようなリーダーのことをBリーダーと呼びました。

またマズローは、Ｂリーダーとよく似た人物としてＢフォロワーの存在を指摘しています。

Ｗ94　Ｂフォロワーは、自らがＢリーダーになるという意欲をもちながら、自分よりＢリーダーにふさわしい者がいる場合には、その人物がリーダーシップをとることを強く望むのである。

『完全なる経営』Ｐ２１９

本来は問題解決や職務遂行において最も優れている人がリーダーになるべきです。しかし、世の中、必ずしもそうはなっていません。むしろリーダーになりたい人がリーダーになるという、本末転倒な現象が起きているようです。ある問題や課題に対して自分より優れた解決能力をもつ人がいれば、リーダーはそちらに譲り、Ｂフォロワーに徹するべきなのでしょう。

以上、Ｚ理論にまつわる話題を中心にマズローの言葉を集めてみました。間違ってはならないのは、Ｚ理論を適用することで経営管理のあらゆる問題が解消するわけではない、ということです。これだと、Ｙ理論のみを経営管理原則にあてはめるのと同じ愚をおかすことになります。

組織に所属するメンバーの動機のレベルは多様です。すべてのメンバーが超越的な自己実現者ではありません。したがって、マズローは次のような言葉を残しています。

W95　最高の管理者は、自分が管理する労働者の健康を増進する。その方法は二通りある。一つは、労働者のもつ安全の欲求、所属の欲求、身内や個人的な知り合いと親密な関係を築きたいという欲求、名声を求める欲求、自尊の欲求といった基本的欲求を満足させること。もう一つは、メタ動機づけ、すなわち真、善、美、正義、完全性、規律などに対するメタ欲求を満足させることである。

『完全なる経営』P135

企業は利益を追求するためだけの存在ではありません。マズローの言葉にあるように、人間成長のセクターになれます。さらに、より成長した人間を作ることは社会のためにもなります。結果、企業は、よりよい社会を作るためのセクターにもなれるわけです。

第10章　「よりよい社会」についての5つの言葉

●民主主義における選挙制度の是非

マズローの人間性心理学は、健康な人間をより健康にすることを意図していました。これは、人間性心理学が、人間の自己実現を手助けすることを狙いにしていたと言い換えてもよいでしょう。

同様のことが教育においても実践されるべきことを私たちは見てきました。教育の使命は自己実現に向けた人間の成長を支援することにほかなりません。さらに、組織も人間成長のセクターとして機能し得ることがわかりました。

こうして、世の中により健康的な人間が増えることで、社会はよりよくなるに違いありません。

実際マズローも、人間性心理学がよりよい社会づくりに貢献できると真剣に考えていました。

そこでこの最終章では、マズローがどのようなよりよい社会の構築を目指していたのか、マズローの言葉から検証したいと思います。

まずは、マズローの次の言葉から始めましょう。

W96　たとえば、ある人物が知事になりたいという野心を抱いたとしよう。彼は立候補し「私は知事になりたいのです」と意思表明することになる。そうして、各地を遊説し他の候補者と競いあうのだが、これがいわゆる選挙戦と呼ばれる熾烈な争いである。B心理学の見地からすれば、これはきわめて不適切で、しかも危険なやり方と言える。特定の職務にふさわしい機能的リーダーを選ぶ方法としては、甚だ稚拙なものである。
『完全なる経営』Ｐ２１３～２１４

国民が平等に参加できる現行の選挙制度は、現在の民主主義社会の根幹をなす仕組みです。しかしマズローは、機能的リーダーを選ぶのにこの制度はあまりにも稚拙だと言います。

機能的リーダーとは、問題解決や職務遂行に最適な人間です。前章でふれたBリーダーとほぼ同義と考えて問題ありません。

マズローが選挙に対して否定的なのは、選挙に立候補する多くの人が、問題解決や職務遂行能力が長けているからではなく、地位やその地位がもつ権力を目的にしているからです。また、権力を求める人は権力を悪用しがちなのも問題だとマズローは言います。確かに権力を求める人は、自らが有利になるよう、他人の圧倒や制圧に権力を利用する傾向が強いようです。

一方、現在の日本を振り返るとどうでしょう。二世議員、三世議員が非常に多いことに気づきます。二世議員が多いのは、親から譲られた票田を引き継いで選挙に打って出るからです。いわば票田の世襲です。

当然彼らは、票田がない立候補者よりも当選する確率は高くなるでしょう。しかしながら、そこに問題解決や職務遂行に優れているという考えは見あたりません。むしろ立候補者は、世襲議員なら候補に立つ名分も立ちやすいと考えているのではないでしょうか。また、立候補者を推す周囲も、世襲議員なら擁立もしやすいし、彼を通じて自分たちの意見も陳情しやすくなる、と考えているのではないでしょうか。

とはいえ、現行の選挙制度に変わる仕組みは見出されていません。適材適所で機能的リーダーを配置するという問題は、いまだ未解決のままです。

●富の一極集中にどう対処するのか

2015年、フランスの経済学者トマ・ピケティの著作『21世紀の資本』が大ブレークしたことは、まだ記憶に新しいのではないでしょうか。ピケティはこの著作で、経済成長が停滞すると、蓄積された富から得られる所得は、労働所得よりも急速に増大し、放置すると経済格差が自動的に拡大する、と警鐘を鳴らしました。

いまや富める者はますます富み、貧しい者はますます貧しくなるのが現状です。実はあのマズローも同様の危機感を抱いていました。

W97　安定したハイ・シナジーの社会では、富の分配としてサイフォンシステムがあり、一方にロー・シナジーのある文化地域では、女史のいうファンネルメカニズム（つまり富を一ヵ所にのみ集中させてしまうもの）があるということである。このファンネルメカニズムを極く簡単に比喩的にまとめてみよう。つまり、富が富を呼び、持たざるものはいよいよ持たなくなり、貧しい者はますます貧しさの一途をたどり、金持ちはその財産を増すような社会制度をさす。安定したハイ・シナジーの社会はその反対で、富は満遍なく広がり、高い所から低い方へと流れるのである。貧しい者から豊かな者へ流れるのではなく、富める者から貧しい者へと行くのである。

『人間性の最高価値』Ｐ238

右の言葉は『人間性の最高価値』収録の論文「社会および個人におけるシナジー」からとったものです。マズローが「女史」と表現しているのは、文化の成熟度を測るものさしとして最初にシナジーを提唱したルース・ベネディクトのことです。

ここでもう一度、ベネディクトが明らかにしたハイ・シナジーとロー・シナジーの状況について思い出してみてください。

ハイ・シナジーな社会では、自分の利益が相手の利益になり、相手の利益が自分の利益になるような構造をもちます。その一例としてマズローが好んで挙げたのがブラックフット・インディアンの贈与式でした。右の言葉で言うならば、贈与式はサイフォンシステムと言い換えられます。

これに対してロー・シナジーな社会では、互いの利益が相反し、衝突するような構造をもちます。右の言葉で言うとファンネルメカニズムに相当します。このような社会では、個人の利益は他人を打ちのめすことで獲得されます。

そして、打ち負かされたほうの大半は、我慢して、しのいでいかなければならない憂き目に遭う、とベネディクトは言いました。

ベネディクトの説明から、貧富の格差が進む現在の社会を、ハイ・シナジーな社会かロー・シナジーな社会か、いずれに分類すべきでしょう。答えは明らかです。富める者がますます富む現代社会は、ロー・シナジーな社会だと言わざるを得ません。

マズローは現代社会をよりシナジーのある社会にするために具体的な提案もしています。累進課税の導入です。マズローは、累進課税について「一部の人間の富を確実に全成員の利益につなげる制度であることは、紛れもない事実である」（『完全なる経営』P155）と述べています。

興味深いのはピケティも累進課税の導入を積極的に推進する立場をとる点です。ピケティによると累進課税の税率と所得格差には相関関係があるといいます。つまり、累進課税の税率が低くなると所得格差が拡大することを歴史が示している、とピケティは主張します。

経済学者ピケティの主張は21世紀に入ってからのものですが、同様の主張を心理学者であるマズローが、しかも1950年代というきわめて早い時期に主張していたことは記憶にとどめておくべきことかもしれません。

ただし、富める者の所得を一方的に減らすためだけに累進課税を導入しても、シナジーのある状態を形成できないように思います。というのも、現代の社会は（少なくとも日本の社会は）、より多く納税した人を評価したり称賛したりする仕組みをもたないからです。贈与式には同様の仕組みがあったことを思い出してください。

より多く納税した人を讃える仕組みなしで、累進課税の税率を上げたとしても、所得隠しや所得の海外移転が進むだけではないでしょうか。

●道徳的・倫理的会計制度の導入

累進課税は古くからある社会制度の一つです。マズローはシナジーのあるよりよい社会を実現するために、累進課税とは別に少々奇抜で前代未聞の税制度を提案しています。

W98 何らかの道徳的・倫理的会計制度を導入することは、きわめて困難なことかもしれないが、それでもやはり必要だと思われる。つまり、社会全体の向上や地域住民の生活向上に寄与した企業や、より民主的なひとづくりを通じて民主主義の発展に寄与した企業にのみ、税額控除を認めるような制度のことである。逆に、民主政治や良質の学校教育の効果を弱める企業や、社員の精神的健康を低下させ、敵意や破壊性を増長するような企業に対しては、追徴金を課すことになる。このような企業は、社会全体に対して破壊的活動を行っているようなものだ。当然、償いはすべきなのである。

『完全なる経営』P110

企業が高邁な理念のもと、素晴らしい製品を世に送り出せば、社会にとって大きな利益になるでしょう。また、素晴らしい製品づくりは社員の成長を促すでしょう。その意味で企業が人間の成長セクターになることはすでに述べたとおりです。

マズローは、従業員が成長して良き市民、良き社会人になることは、学校や大学、病院などと同様、社会の財産であり社会の利益だと主張します。マズローの主張は至極妥当でしょう。それならば、地域や民主主義の発展、良き人づくりに貢献した企業に対して、税額控除を認めるべきだ、とマズローは主張するわけです。

実際、企業は優れた製品の研究開発や社員教育に多くのコストをかけています。そのため、道徳的・倫理的会計制度を導入して、優良な企業を少しでも支援しようというのがマズローの態度です。反対に、地域や民主主義の発展を妨害し、社員の健康を損なうような企業には追徴金を課すべきだ、ともマズローは言います。

もちろん、企業の社会貢献や従業員の成長を数値化するのはかなり難しそうです。とはいえ、仮にこうした道徳的・倫理的会計制度が導入されれば、やはりシナジーのある制度として運用できるでしょう。さらに、道徳的・倫理的会計制度で税額控除を認められた企業が、社会から称賛される仕組みが整えば、シナジーの度合いはさらに高まるように思います。

このように、いかにしてシナジーを高めるかを考えることは、今後、政策を考えるうえできわめて重要のように思います。また、政策のみならずビジネスプランや個人的な人生計画を練るうえでも、シナジーは常に念頭に置くべきことのように思えます。

●結局のところよりよい社会とは

マズローにとってよりよい社会とは、詰まるところユーサイキアの一言に凝縮されるのでしょう。ユーサイキアとは１０００人の自己実現者が孤島に移住して、外部からの干渉なしで創造する文化のことでした。

マズローはこのユーサイキアの一面を別の言葉でこのように表現しています。

Ｗ99　好ましい社会とは、その社会を構成する人間が、健康で自己を実現する人間となるべき最大の可能性を与える社会であるとはっきり定義できる。（中略）好ましい社会とは心理学的に言えば健康な社会と同義であり、一方、好ましくない社会とは心理学的に病んだ社会ということになる。これも、つまるところ基本的欲求が充足されているか、その充足が妨げられているか、ということである。

『人間性の心理学』Ｐ３９１

まさにユーサイキアとは、人が自己実現を達成するのに、できるだけ障害が少ない社会、ひるがえって人の自己実現を支援する社会のことなのでしょう。

もっとも社会とは人が作るものです。私たちは、マズローの言葉に耳を傾けることで、社会の構造にシナジーが組み込まれていること、自分自身の自己実現を目指す利己的行為が社会のためになり、社会のための利他的行為が自分のためになることがわかりました。

以上を前提にすると、現状が好ましい社会でないとすれば、社会にシナジーを組み込む努力をしなければならないことになります。もっとも一足飛びに社会を変える、あるいは日本を変革するのは難しいでしょう。しかしできることはあるはずです。

シナジーとは自己や自我、人格の拡大だったことを思い出してください（W28参照）。私と最愛の伴侶との間にはシナジーがあります。私と愛すべき子どもとの間にもシナジーがあります。

それというのも、伴侶や子どもにとっての喜びが自分の喜びであるからです。そして自己以外の人の喜びが自分の喜びになるということは、自分の人格が拡大していることを意味しました。

この拡大の範囲をさらに広げていくとどうなるでしょうか。

家族から友人へ、さらには同僚へ、さらには所属する組織へ、さらには地域社会へ、さらには国へ、さらには世界へ——。このように自己を拡大していくことは理論的に可能です。

マズローはこう言います。

W100　シナジーとは、複数の人間を事実上同一人物として扱えることだと言ってもよいだろう。複数の人間があたかも一人の人間であるかのようになっていて、協力し、融合して、新たなまとまりを形成すること、それがシナジーなのである。このまとまりという単位は各個人を包含する上位概念であり、そこでは個人の差異が解消されている。

『完全なる経営』P153

このように考えると、よりよい社会とは他人から与えられるものではないものなのかもしれません。自分自身で創造するものです。よりよい社会の創造は、自己実現と同様、人間が一生かかって取り組む作業ではないでしょうか。

おわりに

●選択の過程としての人生

言葉というものはときに人の人生に大きな影響を及ぼすものです。マズローもその例外ではなかったようです。

第6章で、マズローが大学在学中に、ウィリアム・グラハム・サムナーの著作『習俗』を読んでいるとき、突然畏怖と崇敬の念に襲われた、と記す一文を紹介しました。マズローのこの体験は至高経験でした。そして、これを契機にマズローは、サムナーの後に続き、哲学、心理学、人類学に貢献できるよう力を尽くそうと誓った、と述べています。

サムナーの言葉がマズローの人生を決定づけた瞬間です。

今回、マズローの珠玉の言葉に接するなかで、筆者にもやはり眼を啓かせられたマズローの言葉がありました。繰り返しの引用になりますが、その一つを次に掲げます。

第二番目は、人生を次から次へと選択する過程と考えようということである。各々の時点において進歩の選択と退行の選択がある。

第五番目。成長の方向への選択、衝動の声に耳を傾けること、そして、正直になって責任をもつことについて述べてきた。そのすべてが、自己実現へのステップである。

『人間性の最高価値』Ｐ56〜59

こちらは、Ｗ18で紹介した、自己実現の方法論についてマズローが語った言葉の一部です。考えてみると、私たちの人生は選択に次ぐ選択の連続です。そのなかで私たちは、常に最善の選択をしようと努力します。

しかし選択とはなかなか厳しい行為です。あるものを選ぶということは他を選ばないということです。その結果、機会損失が必然的に発生します。機会損失とは選ばなかったことによる損失です。

現代社会の特徴は選択肢が豊富なことでしょう。しかし、選択肢が多いほど、実際の選択から得られる利得よりも、機会損失のほうが大きくなる可能性が高まります。そのため私たちは、何かを選択した瞬間に、もっとよりよい選択があったのではないかと不安になります。

インターネットでよく見る利用者の評価やクチコミ、価格比較は、このような不安を最小限にしたいという人々のニーズにマッチするからこそ人気があるのでしょう。ＡＩが注目されるのも、複雑な選択肢から最善の選択を発見することが期待されているからでしょう。

では、ここで少々立ち止まって考えてみてください。私たちにとって最善の選択とは何でしょう。たとえば、出張先のホテルを選ぶ場合、目的地に近く、清潔で、朝食がついていて、大浴場があり、しかも価格の安いホテルは、最善の選択になるかもしれません。この場合、コスト・パフォーマンスが選択の重要な基準になっています。

振り返ると、私もやはりコスパを基準に次から次へと現れる多くの選択に対処してきたように思います。もちろん、選択の種類によっては、コスパが最重要になる場合もあるでしょう。しかしコスパだけで対処できない選択には、何を基準に選択すべきでしょう。

その答えが、マズローの言う進歩の選択、成長の選択なのだと思います。

実際、あらゆる選択の場面で、自分自身の進歩や成長を基準にして選択する習慣をつければ、人は少しずつ確実に成長します。その成長の度合いは米粒ほど小さくても、長い時間をかければ必ずや結果が出るはずです。

そして、次から次へと立ち現れる選択の場面で、常に進歩の選択、成長の選択を行えば、人は少しずつ自己実現へと向かうはずです。

実はこの態度が自己実現への王道ではないか——。

今回、改めてこのように感じた次第です。

●選択の連続の先にあるもの

再び立ち止まって考えてみてください。そもそも、進歩の選択を自ら選ぶとは、一体何を意味しているのでしょう。

少々大袈裟に表現すれば、これは自らが自らを進化させている、ということです。

実はこの点に関してマズローが興味深いことを言っています。本書はマズローの100の言葉を紹介するものであり、すでに100の言葉にふれました。が、ここではあえてもう一つ掲げたいと思います。

W101　もう一度はっきり述べておくが、われわれは、いまや生物学の歴史において、われわれ自身の進化に責任をもつ時点に到達したのである。われわれは、いまや自己を進化させるものになったのである。進化とは、選択すること、すなわち、選んで決めることを意味し、このことは、価値づけを意味している。
『人間性の最高価値』P12

マズローははっきり記しています。「進化とは、選択すること、すなわち、選んで決めること」だと。つまり次々とおとずれる選択の瞬間にあって、成長への選択か退行の選択か、いずれを選ぶかは、自分自身の進化に責任をもつことです。その選択の場面で、成長の方向への選択を選ぶことが自己実現の道であり、自ら自己を進化させる道だということです。

筆者もマズローの言葉を心にとどめ、成長への選択を選び続けたいと思います。

２０１８年7月

琵琶湖畔・大津勧学にて

ハイ・シナジーな社会　127　173
ハイ・シナジー文化　126
配偶者　62
発散思考　96
ピケティ, トマ　171　174
不安定な文化　124
ファンネルメカニズム　173
副産物　55　56
普遍的価値　42　45　59
ブラックフット・インディアン
127　129　173
フロイト, ジグムント　23　98
134
フロイト心理学　88
文化　19　24　124　139　162　177
文化的相対性　19
ベネディクト, ルース　29　117
124　127　173
ポジティブ心理学　53

マ行

マグレガー, ダグラス　141　142
155　156
マズロー, アブラハム　3　11
『マスローの人間論』　140
マズローの欲求階層論　13　19
157
無意識（イド）　23　88　97　98
134
メメント・モリ　68
目標　43　150

ヤ行

ユーサイキア　137　139　144　177
ユーサイキアン・マネジメント
143　147　155
『ユーサイキアン・マネジメント』
140　142　145
欲求階層論　11　25　51　160
弱み　40

ラ行

利己主義　121
利己的　121　122　130　147
150
利他主義　121
利他的　121　122　130　147
150
累進課税　173
ロー・シナジーな社会　173
ロー・シナジー文化　126

自己実現の欲求　17　27　56
仕事　43　45　47　54　56　57
146　151
「事実と価値の統一」 105　107
実現されるべき自己　41
実存主義　39　71
実存主義的態度　71
実存心理学　73　75
実存的存在　74
シナジー　117　121　124　129
132　145　148　176
「社会および個人におけるシナジー」
125　172
『習俗』 115　181
収束思考　96
承認の欲求　16　19
所属と愛の欲求　15
所得格差　174
死を思え　68
進歩の選択　38　69　73　100　183
捨身　79
「正常、健康、価値」 140
成長欲求　48　56
生理的欲求　13
セリグマン, マーティン　53
選挙制度　169
潜在能力　18　33　40
全体論的　149
選択　38　69　73　100　182
相乗効果　117
創造性　87　88　92　96
『創造的人間』 87　140
創造の一次的過程　93
創造の二次的過程　93
贈与式（財産放棄の式） 128　173

タ行

第一次創造性　93　95　96
第一次的創造　88
退行の選択　38　100
第二次創造性　93　95　96　100
第二次的創造　88
第二の無邪気　92
太陽踊りの儀式　128
抽象化　81
『超越意識の探求』 113　114
超越経験　50
超越的でない自己実現者　50
161
超越的な自己実現者　50　65
161　166
強み　16　40　58　60
低次の欲求　20
天職　43　57　61
当為としての自己　41
「動機づけ理論序説」 11　12
道教的受容　79
統合された創造性　96
特別な才能の創造性　91
ドラッカー, ピーター　141
155　157　160

ナ行

なりたい自分になること　25
27　32　41
ニーズ　60　183
二分化された抽象的知識　84
二分法超越　65
人間観　156　161
人間性　29
人間性心理学　11　30　51　53
71　75　138
『人間性の最高価値』 36　112
125　127　140　162　172
『人間性の心理学』 11　12　29
140　141
人間性の同一性　76
「人間の動機づけに関する理論」
11　12　29　31
ノンリニア・システムズ社　141

ハ行

索　引

数字・英字
『21世紀の資本』　171
B価値（Bing価値／存在価値）　43　45　47　56　59　65　132　151　162　166
B認識　50　109
Bフォロワー　165　167
Bリーダー　165　166
X理論　155　156
Y理論　155　156
Z理論　155　161
「Z理論」（論文）　50　162

ア行
アール・ブリュー　92
愛　63　64　123
安全の欲求　14
安定した文化　124
ウィルソン，コリン　113
ヴェルトハイマー，マックス　29
エポケー　72　77

カ行
箇条書き　79
価値　43　45　47　56　58　61　67　109　133　151　164
価値観　58　60　119
『可能性の心理学』　140
可能的存在　74　138
感謝の念　67
『完全なる経営』　140　146　157
『完全なる人間』　43　87　104　140
機会損失　182
『企業の人間的側面』　141　156
『菊と刀』　118
機能的リーダー　170
「教育と至高経験」　112
ケイ，アンドリュー　141
経験　72　76　82　105
欠乏欲求　18　46
健康心理学　30
健康度　22　42　127
現実存在　71　138
現象学　71　72　76　77　80　84
現象学的還元　72
現象学的方法　71　76　77　81　106
『現代の経営』　141
顕微鏡のレンズ　78
幸運　57
貢献　58　60　164
恍惚的な完全性　65　112
高次の欲求　14　20　157
幸福　53　55　67　114

サ行
サムナー，ウィリアム・グラハム　115　181
至高経験　50　65　89　103
「至高経験における生命の認識」　43　103　104　106
自己実現　25　27　28　31　34　36　51　99　177　183
「自己実現する人における創造性」　87
自己実現的でない人間　46
自己実現的人間　27　28　36　43　46　49　87　109　160
「自己実現的人間——心理学的健康の研究」　29　41　42
「自己実現とその彼岸」　36
『自己実現の経営』　140　144　146　157
自己実現の創造性　91

◆著者

中野　明（なかの　あきら）

1962年、滋賀県生まれ。立命館大学文学部哲学科卒業。ノンフィクション作家。同志社大学理工学部非常勤講師。著書に『マズロー心理学入門』『マズローを読む』『アドラー心理学による「やる気」のマネジメント』『アドラー心理学による「強み」のマネジメント』『ポジティブ心理学は人を幸せにするのか』（以上アルテ）ほか多数。

マズロー100の言葉
——名言から読み解く人間性心理学

2018年7月25日　第1刷発行

著　　者　中野　明
発 行 者　市村　敏明
発　　行　株式会社　アルテ
〒170-0013　東京都豊島区東池袋2-62-8
BIGオフィスプラザ池袋11F
TEL.03(6868)6812　FAX.03(6730)1379
http://www.arte-pub.com
発　　売　株式会社　星雲社
〒112-0005　東京都文京区水道1-3-30
TEL.03(3868)3275　FAX.03(3868)6588
装　　丁　川嵜　俊明
印刷製本　シナノ書籍印刷株式会社

ISBN978-4-434-24960-0 C0011